U07896692

東漢·袁康 撰

越絶書

中華書局

據國家圖書館藏明嘉靖三十三年刻本影印原書版框高二十點三釐米寬十四點一釐米

予今生憙穆天子傳、越絕書，以為可配莊騷，而世之穆天子
傳以洪校本最善，越絕尚沉霾叢刻中，未易讀也。今
北堂以此本前与洪氏單行穆天子傳並槧之，以饗好讀
二奇書者。惜未取叢刊一校。 白珍暨記 九月十八

[illegible]

[illegible]

[illegible]

[illegible]

刻越絕書序

明進士白馬令西蜀張佳胤譔

越絕名實，群籍辨者非一，咸無核焉。書蓋古而末孜，按載多吳越事。崇文總目謂端木賜作，尤非。其文辯而奇，博而機，藏知周信，重讐明勇，與國策譎權傾押者異。獨陳成子篇，愚問列國操縱成敗，固遊士譚也。據春秋哀公使賜正吳，尋盟以尊魯，斯後人襲事騁辭，且將嫁于善言。子貢徵信焉，博材如子長史記亦云然也。不知伯術，耻稱聖門，茲書及秦漢陳氏謂戰國人所爲，漢人從而附益，似矣。賜也乎哉？舊本自宋嘉定間刻于吾蜀夔門，再刻會稽，乃久遠不真。嘗思廣傳，黎陽盧少楩出孟汝再家藏舊本于予，頗爲完善。二子好古博文，雅會斯志，爰校刻焉，交成厥美云爾。

嘉靖三十三年夏六月朔日序

嘉靖三十三年夏六月朔日序

古事文雖會其志多殘闕語文故厥美云爾

出孟汝再梁藏舊本于十頗為完善二十汝

刻會稽乃公遠不真嘗恐書傳謬誤慮心檢

也予取舊本自宋嘉定間刻于吾燕門再

陳氏諱國人所為漢人從而附益以矣賜

亦云綴過也不知伯術通稱聖門玆書又春漢

緣千言十貢發言志博林始于吳史記

使賜正吳與盡以尊貢偕後入讀者號國且

問列國興衰成固古士譚也據春秋本末公

明與列國策不論體甸押者異陽陳成于論題

信尤非其文辯而奇博而縱藏於兩言書

而未敘數多矣敘事卓文奧目諸本賜

越絕名實辯詳者非一成無袁秘書古

門進士百黑令西蜀張佳胤

刻越絕書序

越絕書

越絕外傳本事第一

問曰何謂越絕越者國之氏也何以言之按春秋序齊魯皆以國爲氏姓是以明之絕者絕也謂句踐時也當是之時齊將伐魯孔子恥之故子貢說齊以安魯子貢一出亂齊破吳興晉彊越其後賢者辯士見夫子作春秋而畧吳越又見子貢與聖人相去不遠脣之與齒表之與裏蓋要其意覽史記而述其事也

問曰何不稱越經書記而言絕乎曰不也絕者絕也句踐之時天子微弱諸侯皆叛於是句踐抑彊扶弱絕惡反之於善取舍以道沛歸於宋浮陵以付楚臨沂開陽復之於魯中國侵伐因斯衰止以其誠在於內威發於外越專其功故曰越故作此者貴其內能自約

外能絕人也賢者所述不可斷絕故不爲記
明矣
問曰桓公九合諸侯一匡天下任用賢者誅
服彊楚何不言齊絕乎曰桓公中國兵彊霸
世之後威凌諸侯服彊楚此正宜耳夫越王
句踐東垂海濱夷狄文身躬而自苦任用賢
臣轉死爲生以敗爲成越伐彊吳尊事周室
行霸琅邪躬自省約率道諸侯貴其始微終

能以霸故與越專其功而有之也
問曰然越專其功而有之何不第一而卒本
吳太伯爲曰小越而大吳小越大吳奈何曰
吳有子胥之教霸世甚久北陵齊楚諸侯莫
敢叛者乘薛許邾婁呂旁轂趨走越王句踐
屬芻莝養馬諸侯從之若果中之李反邦七
年焦思苦身克已自貴任用賢人越伐彊吳
行霸諸侯故不使越第一者欲以貶大吳顯

弱越之功也

問曰：吳亡而越興，在天與？在人乎？皆人也。夫差失道，越亦賢矣。濕易雨，飢易助。曰：何以知獨在人乎？子貢與夫子坐，告夫子曰：太宰死。夫子曰：不死也。如是者再。子貢再拜而問：何以知之？夫子曰：天生宰嚭者，欲以亡吳。吳今未亡，宰何病乎？後人來言不死。聖人不妄言，是以明知越霸矣。何以言之？曰：種見蠡之時，相與謀道：東南有霸兆，不如往仕。相要東游，入越而止。賢者不妄言，以是知之焉。

問曰：越絕誰所作？吳越賢者所作也。當此之時，見夫子刪書作春秋，定王制，賢者嗟歎，決意覽史記，成就其事。

問曰：作事欲以自著，今但言賢者，不言姓字何？曰：是人有大雅之才，直道一國之事，不見姓名，小之辭也。或以爲子貢所作，當挾四方

不當獨在吳越其在吳越亦有因矣此時子貢爲魯使或至齊或至吳其後道事以吳越爲喻國人承述故直在吳越也當是之時有聖人教授六藝刪定五經七十二子養徒三千講習學問魯之闕門越絶小藝之文固不能布於四方焉有誦述先聖賢者所作未足自稱載列姓名直斥以身者也一說蓋是子胥所作也夫人情泰而不作窮則怨恨怨恨則作猶詩人失職怨恨憂嗟作詩也子胥懷忠不忍君沉惑於讒社稷之傾絶命危邦不顧長生切切爭諫終不見聽憂至患致怨恨作文不侵不差抽引本末明已無過終不遺力誠能極智不足以身當之嫌於求譽是以不著姓名直斥以身者也後人述而說之乃稍成中外篇焉

問曰或經或傳或內或外何謂曰經者論其

事傳者道其意外者非一人所作頗相覆載或非其事引類以託意說之者見夫子删詩書就經易亦知小藝之復重又各辯士所述不可斷絕小道不通偏有所期明說者不專故删定復重以爲中外篇一作焉

越絕外傳本事第一

越絕 [illegible]

越絶卷第一

越絶荊平王內傳第二

昔者荊平王有臣伍子奢奢得罪於王且殺之其二子出走伍子尚奔吳伍子胥奔鄭王召奢而問之曰若召子孰來也子奢對曰王問臣對而畏死不對不知子之心者尚爲人也仁且智來之必入胥爲人也勇且智來必不入胥且奔吳邦君王必早閉而晏開胥將使邊境有大憂於是王即使使者召子尚於吳曰子父有罪子入則免之不入則殺之子胥聞之使人告子尚於吳吾聞荊平王召子子必毋入胥聞之入者窮出者報仇入者皆死是不智也死而不報父之仇是非勇也子尚對曰入則免父之死不入則不仁愛身之死絶父之望賢士不爲也意不同謀不合子其居尚請入荊平王復使使者召子胥於鄭

曰子入則免父死不入則殺之子胥介胄彀
弓出見使者謝曰介胄之士固不拜矣一作也
請有道於使者王以奢爲無罪赦而蓄之其
子又何適乎使者還報荆平王王知子胥不
入也殺子奢而并殺子尚子胥聞之即從横
領上大山北望齊晉謂其舍人曰去此邦堂
堂被山帶河其民重移一作侈於是乃南奔吴
至江上見漁者曰來渡我漁者知其非常人

也欲往渡之恐人知之歌而往過之曰日昭
昭侵以施與子期甫蘆之碕子胥即從漁者
之蘆碕日入漁者復歌往曰心中目施子可
渡河何爲不出船到即載入船而伏半江而
仰謂漁者曰子之姓爲誰還得報子之厚德
漁者曰縱荆邦之賊者我也報荆邦之仇者
子也兩而不仁何相問姓名爲子胥即解其
劒以與漁者曰吾先人之劒直百金請以與

子也漁者曰吾聞荊平王有令曰得伍子胥者購之千金今吾不欲得荊平王之千金何以百金之劍爲漁者渡于于斧之津乃發其簞飯清其壺漿而食曰亟食而去毋令追者及子也子胥曰諾子胥食已而去顧謂漁者曰掩爾壺漿無令之露漁者曰諾子胥行即覆船挾匕首自刎而死江水之中明無洩也子胥遂行至溧陽界中見一女子擊絮於瀨

水之中子胥曰豈可得託食乎女子曰諾即發簞飯清其壺漿而食之子胥食已而去謂女子曰掩爾壺漿毋令之露女子曰諾子胥行五步還顧女子自縱於瀨水之中而死子胥遂行至吳徒跣被髮乞於吳市三日市正疑之而道於闔廬曰市中有非常人徒跣被髮乞於吳市三日矣闔廬曰吾聞荊平王殺其臣伍子奢而非其罪其子子胥勇且智彼

子也漁者曰吾聞荊平王有令曰得伍子胥者購之千金今吾不欲得荊平王之千金何以百金之劍為漁者渡于于斧之津乃發其簞飯清其壺漿而食曰亟食而去毋令追者及子也子胥曰諾子胥食已而去顧謂漁者曰掩爾壺漿無令之露漁者曰諾子胥行即覆船挾匕首自刎而死江水之中明無洩也子胥遂行至溧陽界中見一女子擊絮於瀨水之中子胥曰豈可得託食乎女子曰諾即發簞飯清其壺漿而食之子胥食已而去謂女子曰掩爾壺漿毋令之露女子曰諾子胥行五步還顧女子自縱於瀨水之中而死子胥遂行至吳徒跣被髮乞於吳市三日市正疑之而道於闔廬曰市中有非常人徒跣被髮乞於吳市三日矣闔廬曰吾聞荊平王殺其臣伍子胥而非其罪子胥勇且智彼

必經諸侯之邦可以報其父仇者王即使召子胥入吳王下階迎而唁數之曰吾知子非恒人也何素窮如此子胥跪而垂泣曰胥父無罪而平王殺之而并其子尚子胥遯逃出走唯大王可以歸骸骨者惟大王哀之吳王曰諾上殿與語三日三夜語無復者王乃號令邦中無貴賤長少有不聽子胥之教者猶不聽寡人也罪至死不赦子胥居吳三年大

得吳衆闔廬將爲之報仇子胥曰不可臣聞諸侯不爲匹夫興師於是止其後荆將伐蔡子胥言之闔廬即使子胥救蔡而伐荆十五戰十五勝荆平王已死子胥將卒六千操鞭捶笞平王之墓而數之曰昔者吾先人無罪而子殺之今此報子也（一作之）後子昭王臣司馬子其令尹子西歸相與計謀子胥不死又不入荆邦猶未得安爲之奈何莫若求之而

不人[illegible]猶未[illegible]以[illegible]

[illegible]于其令此于四[illegible]

面于殺以令[illegible]于也[illegible]

[illegible]于王以[illegible]日[illegible]人[illegible]

[illegible]十王[illegible]王司[illegible]

于[illegible]以[illegible]十王

[illegible]

[illegible]

[illegible]

與之同邦乎？昭王乃使使者報子胥於吳，曰：
昔者吾先人殺子之父，而非其罪也。寡人尚
少，未有所識也。今子大夫報寡人也，特其然。
寡人亦不敢怨子。今子大夫何不來歸子故
墳墓丘冢為我邦？雖小，與子同有之；民雖少，
與子同使之。子胥曰：以此為名，名即章；以此
為利，利即重矣。前為父報仇，後求其利，賢者
不為也。父已死，子食其祿，非父之義也。使者

王傳寫徐筌校

遂還，乃報荊昭王曰：子胥不入荊邦明矣。

越絕卷第二

越絕外傳記吳地傳第三

昔者吳之先君太伯周之世武王封太伯於
吳到夫差計二十六世且千歲闔廬之時大
霸築吳越城城中有小城二徙治胥山後二
三而至夫差立二十三年越王句踐滅之

闔廬宮在高平里

射臺二一在華池昌里一在安陽里

南越宮在長樂里東到春申君府秋冬治城
中春夏治姑胥之臺旦食於紐山晝遊於胥
母射於鷗陂馳於遊臺興（一作輿）樂
越走犬長洲吳王大霸楚昭王孔子時也吳
大城周四十七里二百一十步二尺陸門八
其二有樓水門八南面十里四十二步五尺
西面七里百一十二步三尺北面八里二百
二十六步三尺東面十一里七十九步一尺

闔廬所造也吳郭周六十八里六十步
吳小城周十二里其下廣二丈七尺高四丨
丈七尺門三皆有樓其二增水門二其一有
樓一增柴路
東宮周一里二百七十步路西宮在長秋周
一里二十六步秦始皇帝十一年守宮者照
燕失火燒之
伍子胥城周九里二百七十步小城東西從

武里面從小城北邑中徑從閶門到婁門九
里七十二步陸道廣二十三步平門到蛇門
十里七十五步陸道廣三十三步水道廣二
十八步
吳古故陸道出胥明奏出土山度灌邑奏高
頸過猶山奏大湖隨北顧以西度陽下溪過
歷山陽龍尾西大決通安湖
吳古故水道出平門上郭池入瀆出巢湖上

闔廬所造也吳郭周六十八里六十步
吳小城周十二里其下廣二丈七尺高四丈七尺
門三皆有樓其二增水門二其一有
樓一增柴路
東宮周一里二百七十步路西宮在長秋周
一里二十六步秦始皇帝十一年守宮者照
燕失火燒之
伍子胥城周九里二百七十步小城東西從
〈缺〉
武里面從小城北邑中徑從閶門到婁門九
里七十二步陸道廣二十三步平門到蛇門
十里七十五步陸道廣三十三步水道廣二
十八步
吳古故陸道出胥門奏出土山度灌邑奏高
頸過猶山奏太湖隨北顧以西度陵下溪過
歷山陽龍尾西大決通安湖
吳古故水道出平門上郭池入瀆出巢湖上

歷地過梅亭入楊湖出漁浦入大江奏廣陵

吳古故從由拳辟塞度會夷奏山陰辟塞者吳備候塞也居東城者闔廬所遊城也去縣二十里

柴碎亭到語兒就李吳侵以爲戰地

百尺瀆奏江吳以達糧

千里廬虛者闔廬以鑄干將劍歐治僮女三百人去縣二里南達江

閶門外高頸山東桓石人古者名石公去縣二十里

閶門外郭中冢者闔廬冰室也

闔廬冢在閶門外名虎丘下池廣六十步水深丈五尺銅槨三重墳池六尺玉鳧之流扁諸之劍三千方圓之口三千時耗魚腸之劍在焉千萬人築治之取土臨湖口築三日而白虎居上故號爲虎丘

虎丘北莫格冢古賢者避世冢去縣二十里

被奏冢鄧大冢是也去縣四十里

闔廬子女冢在閶門外道北下方池廣四十八步水深二丈五尺池廣六十步水深丈五寸隧出廟路以南通姑胥門幷周六里舞鶴吳市殺生以送死

餘杭城者襄王時神女所葬也神多靈

巫門外麋湖西城越宋王城也時與摇城王

周宋君戰於語招殺周宋君毋頭騎歸至武里死亾葬武里南城午日死也

巫門外冢者闔廬冰室也

巫門外大冢吳王客齊孫武冢也去縣十里善爲兵法

地門外塘波洋中世子塘者故曰王世子造以爲田塘去縣二十五里

洋中塘去縣二十六里

虎丘北莫格冢古賢者避世冢去縣二十里

被秦號為大冢是也去縣四十里

闔廬子女冢在閶門外道北下方池廣四十

八步水深二丈五尺池廣六十步水深丈五

寸隧出廟路以南通姑胥門并周六里舞鶴

吳市殺生以送死

餘杭城者襄王時神女所葬也神多靈

巫門外麋湖西城越宋王城也時與搖城王

周宋君戰於語招殺周宋君毋頭騎歸至武

里死亡葬武里南城午日死也

巫門外冢者闔廬冰室也

巫門外大冢吳王客齊孫武冢也去縣十里

善為兵法

地門外塘波洋中世子塘者故曰王世子造

以為田塘去縣二十五里

洋中塘去縣二十六里

蛇門外大丘吳王不審名冢也去縣十五里

築塘北山者吳王不審名冢也去縣二十里

近門外欐溪櫝中連鄉大丘者吳故神巫所葬也去縣十五里

婁門外馬亭溪上復城者故越王餘復君所治也去縣八十里是時烈王歸於越所載襄王之後不可繼述其事書之馬亭溪婁門外鴻城者故越王城也去縣百五十里

婁門外雞陂墟故吳王所畜雞使李保養之去縣二十里

胥門外有九曲路闔廬造以遊姑胥之臺以望太湖中闚百姓去縣三十里

齊門闔廬伐齊大克取齊王女爲質子爲造齊門置於水海虛其臺在車道左水海右去縣七十里齊女思其國死葬虞西山吳北野禺櫟東所舍大㬿者吳王田也去縣八十里

邑櫟東所舍大疁者吳王田也去縣八十里
縣七十里齊女思其國死葬虞西山吳北野
齊門置於水海虛其臺在車道左水海右去
齊門闔廬伐齊大克取齊王女為質子為造
望太湖中闚百姓去縣三十里
胥門外有九曲路闔廬造以遊姑胥之臺以
去縣二十里
婁門外雞陂墟故吳王所畜雞使李保養之
谿者故越王城也去縣百五十里
王入後不可繼於其事書入屬亭婁門故
治也去縣八十里是時烈王歸於越所載襄
婁門外馬亭溪上復城故越王餘復君所
葬也去縣十五里
婁門外欐溪櫝中連鄉大丘者吳故神巫所
築塘北山者吳王不審名冢也去縣二十里
巫門外大丘吳王不審名冢也去縣十五里

吳西野鹿陂者吳王田也今分爲耦瀆胥卑虛去縣二十里

吳北野胥主疁者吳王女胥主田也去縣八十里

麋湖城者闔廬所置麋也去縣五十里

欐溪城者闔廬所置船宮也闔廬所造

婁門外力士者闔廬所造以備外越

巫欐城者闔廬所置諸侯遠客離城也去縣十五里

由鍾窮隆山者古赤松子所取赤石脂也去縣二十里子胥死民思祭之

莋碓山故爲鶴阜山禹遊天下引湖中柯山置之鶴阜更名莋碓

放山者在莋碓山南以取長之（一作人）莋碓山下故有鄉名莋邑吳王惡其名內郭中名通陵鄉

柞碓山南有大石古者名爲壟星去縣二十里

撫侯山者故闔廬治以諸侯冢次去縣二十里

吳東一米作徐亭東西南北通溪者越荊王所置與麋湖相通也

馬安溪上干城者越干王之城也去縣七十里

巫門外冤山大冢故越王王史冢也去縣二十里

搖城者吳王子居焉後越搖王居之稻田三百頃在邑東南肥饒水絕去縣五十里

胥女大冢吳王不審名冢也去縣四十五里

蒲姑大冢吳王不審名冢也去縣三十里

古城者吳王闔廬所置美人離城也去縣七十里

通江南陵搖越所鑿以伐上舍君去縣五十
里
婁東十里坑者古名長人坑從海上來去縣
十里
海鹽縣始為武原鄉
婁北武城闔廬所以候外越也去縣三十里
今為鄉也
宿甲者吳宿兵候外越也去縣百里其東大

冢搖王冢也
烏程餘杭黝歙無湖石城縣以南皆故大越
徙民也秦始皇帝刻石徙之
烏傷縣常山古人所採藥也高且神
齊鄉周十里二百一十步其城六里三十步
牆高丈二尺百七十步竹格門三其二有屋
虞山者巫咸所出也虞故神出奇怪去縣百
五里

毋陵道陽朔三年太守周君造陵道語昭郭
周十里百一十步牆高丈二尺陵門四皆有
君水門二
無錫城周二里十九步高二丈七尺門一樓
四其郭周十一里百二十八步牆一丈七尺
門皆有屋
無錫歷山春申君時盛祠以牛立無錫塘去
吳百二十里

無錫湖者春申君治以爲陂鑿語昭瀆以東
到大田田名胥卑鑿胥卑下以南注大湖以
寫西野去縣三十五里
無錫西龍尾陵道者春申君初封吳所造也
屬於無錫縣以奏吳北野胥主曋曲阿故爲
雲陽縣
毗陵故爲延陵吳季子所居
毗陵縣南城故古淹君地也東南大冢淹君

千穴冢也去縣十八里吳所葬

毗陵上湖中冢者延陵季子冢也去縣七十

里上湖通上洲季子冢古名延陵墟

蒸山南面夏駕大冢者越王不審名冢去縣

三十五里

秦餘杭山者越王棲吳夫差山也去縣五十

里山有湖水近太湖

夫差冢在猶高西卑猶位越王候干戈人一

累土以葬之近太湖去縣十七里

三臺者太宰嚭逢同妻子死所在也去縣十

七里

太湖周三萬六千頃其千頃烏程也去縣五

十里

無錫湖周萬五千頃其一千三頃毗陵上湖

也去縣五十里一名射貴湖

尸湖周二千二百頃去縣百七十里

小湖周千三百二十頃去縣百里

耆湖周六萬五千頃去縣百二十里

乘湖周五百頃去縣五里

猶湖周三百二十頃去縣十七里

語昭湖周二百八十頃去縣五十里

作湖周百八十頃聚魚多物去縣五十五里

昆湖周七十六頃一畝去縣一百七十五里一名隱湖

湖王湖當問之

丹湖當問之

吳古故祠江漢(一作海)於棠浦東江南爲方牆以利朝夕水古太伯君吳到闔廬時絶胥女南小蜀山春申君客衛公子冢也去縣三十五里

白石(一作公)山故爲胥女山春申君初封吳過更名爲白石去縣四十里

小湖周千三百二十頃去縣百里
耆湖周六萬五千頃去縣百二十里
乘湖周五百頃去縣五里
猶湖周三百二十頃去縣十七里
語昭湖周二百八十頃去縣五十里
作湖周百八十頃聚魚多物去縣五十五里
昆湖周七十六頃一畝去縣一百七十五里
一名隱湖

湖王湖當問之
丹湖當問之
吳古故祠江漢（一作）於棠浦東江南為方牆
以利朝夕水古太伯君吳到闔廬時絕胥女
南小蜀山春申君客衛公子冢也去縣三十
五里
白石（今一作）山故為胥女山春申君初封吳過
更名為白石去縣四十里

今太守舍者，春申君所造後壁屋以爲桃夏宮

今宮者春申君子假君宮也前殿屋蓋地東西十七丈五尺南北十五丈七尺堂高四丈十霤高丈八尺殿屋蓋地東西十五丈南北十丈二尺七寸戶霤高丈二尺庫東鄉屋南北四十丈八尺上下戶各二南鄉屋東西六十四丈四尺上戶四下戶三西鄉屋南北四十二丈九尺上戶三下戶二凡百四十九丈一尺檐高五丈二尺霤高二丈九尺周一里二百四十一步春申君所造

吳兩倉春申君所造西倉名曰均輸東倉周一里八步後燒更始五年太守李君治東倉爲屬縣屋不成

吳市者春申君所造闕兩城以爲市在湖里

吳諸里大閈春申君所造

吳獄庭周三里春申君時造

土一云作山者春申君時治以爲貴人冢次去縣十六里

楚門春申君所造楚人從之故爲楚門

路丘大冢春申君客冢不立以道終之去縣十里

春申君楚考烈王相也烈王死幽王立封春申君於吳三年幽王徵春申爲楚令尹春申君自使其子爲假君治吳十一年幽王徵假君與春申君并殺之二君治吳凡十四年後十六年秦始皇并楚百越叛去東名大越爲山陰也春申君姓黃名歇

巫門外罘罳者春申君去吳假君所思處也去縣二十三里

壽春東鳧陵亢者古諸侯王所葬也楚威王與越王無彊並威王後烈王子幽王後懷王

也懷王子頃襄王也秦始皇滅之秦始皇造
通陵南可通陵道到由拳塞同起馬塘湛以
爲陂治陵水道到錢唐越地通浙江秦始皇
發會稽適戍卒治通陵高以南陵道縣相屬
秦始皇帝三十七年壞諸侯郡縣城
太守府大殿者秦始皇刻石所起也到更始
元年太守許時燒六年十二月乙卯鑿官池
東西十五丈七尺南北三十丈

漢高帝封有功劉賈爲荆王幷有吴賈築吴
市西城名曰定錯城屬小城北到平門丁將
軍築治之十一年淮南王反殺劉賈後十年
高皇帝更封兄子濞爲吴王治廣陵幷有吴
立二十一年東渡之吴十日還去立三十二
年反西到陳留縣還奔丹陽從東歐越王弟
夷烏將軍殺濞東歐王爲彭澤王夷烏將軍
今爲平都王濞父字爲仲

匠一作近門外信士里東廣平地者吳王濞時宗廟也太公高祖在西孝文在東去縣五里永光四年孝元帝時貢大夫請罷之桑里東今舍西者故吳所畜牛羊豕雞也名爲牛宮今以爲園

漢文帝前九年會稽并故鄣郡太守治故鄣都尉治山陰前十六年太守治吳郡都尉治錢唐

漢孝景帝五年五月會稽屬漢屬漢者始并事也漢孝武帝元封元年陽都侯歸義置由鍾由鍾初立去縣五十里

漢孝武元封二年故鄣以爲丹陽郡

天漢五年四月錢唐浙江岑石不見到七年岑石復見越王句踐徙瑯邪凡二百四十年楚考烈王并越於瑯邪後四十餘年秦并楚復四十年漢并秦到今二百四十二年句踐

匠一作近門外信士里東廣平地者吳王濞時
宗廟也太公高祖在西孝文在東去縣五里
永光四年孝元帝時貢大夫請罷之桑里東
今舍西者故吳所畜牛羊豕雞也名為牛宮
今以為園
漢文帝前九年會稽并故鄣郡太守治故鄣
都尉治山陰前十六年太守治吳郡都尉治
錢唐

漢孝景帝五年五月會稽屬漢屬漢者始并
事也漢孝武帝元封元年陽都侯歸義置由
鍾由鍾初立去縣五十里
漢孝武元封二年故鄣以為丹陽郡
天漢五年四月錢唐浙江岑石不見到七年
岑石復見越王句踐徙琅邪凡二百四十年
楚考烈王并越於琅邪後四十餘年秦并楚
復四十年漢并秦到今二百四十二年句踐

越絕卷第二

徙郡到建武二十八年凡五百六十七年

越絕卷第二

入越絕二 王 [illegible]

從琅邪到建武二十八年凡五百六十七年

越絕卷第三

越絕吳內傳第四

吳何以稱人乎夷狄之也憂中邦奈何乎伍子胥父誅於楚子胥挾弓身干闔廬闔廬曰士之甚勇之甚將爲之報仇子胥曰不可諸侯不爲匹夫報仇臣聞事君猶事父也虧君之行報父之仇不可於是止

蔡昭公南朝楚被羔裘囊瓦求之昭公不與即拘昭公南郢三年然後歸之昭公去至河

用事曰天下誰能伐楚乎寡人願爲前列楚聞之使囊瓦興師伐蔡昭公聞子胥在吳請救蔡子胥於是報闔廬曰蔡公南朝被羔裘囊瓦求之蔡公不與拘蔡公三年然後歸之蔡公至河曰天下誰能伐楚者乎寡人願爲前列楚聞之使囊瓦興師伐蔡蔡非有罪楚爲無道君若有憂中國之事意者時可矣闔

越絶卷第三

越絶吳内傳第四

吳何以稱人乎夷狄之也憂中邦奈何乎伍子胥父誅於楚子胥挾弓身干闔廬闔廬曰士之甚勇之甚將為之報仇子胥曰不可諸侯不為匹夫興師臣聞事君猶事父也虧君之行報父之仇不可於是止

蔡昭公南朝楚被羔裘囊瓦求之昭公不與

即拘昭公南郢三年然後歸之昭公去至河用事曰天下誰能伐楚乎寡人願為前列楚聞之使囊瓦興師伐蔡昭公聞子胥在吳請救蔡子胥於是報闔廬曰蔡公南朝被羔裘囊瓦求之蔡公不與拘蔡公三年然後歸之蔡公至河曰天下誰能伐楚者乎寡人願為前列楚聞之使囊瓦興師伐蔡蔡非有罪楚為無道君若有憂中國之事意者時可以圖

廬於是使子胥興師救蔡而伐楚楚王已死子胥將卒六千人操鞭笞平王之墳曰昔者吾先君無罪而子殺之今此以報子也君舍君室大夫舍大夫室蓋有妻楚王母者囊瓦者何楚之相也郢者何楚王治處也吳師何以稱人吳者夷狄也而救中邦稱人賤之也越王句踐欲伐吳王闔廬范蠡諫曰不可臣聞之天貴持盈持盈者言不失陰陽日月星

辰之綱紀地貴定傾定傾者言地之長生丘陵平均無不得宜故曰地貴定傾人貴節事節事者言王者已下公卿大夫當調陰陽和順天下事來應之物來知之天下莫不盡其忠信從其政教謂之節事節事者至事之要也天道盈而不溢盛而不驕者言天生萬物以養天下蠉飛蠕動各得其性春生夏長秋收冬藏不失其常故曰天道盈而不溢盛而

不驕者也地道施而不德勞而不矜其功者也言地生長五穀持養萬物功盈德博是所施而不德勞而不矜其功者矣言天地之施大而不有功者也人道不逆四時者言王者以下至於庶人皆當和陰陽四時之變順之者有福逆之者有殃故曰人道不逆四時之謂也因惛視動者言存亡吉凶之應善惡之叙必有漸也天道未作不先爲客者范蠡值

吳伍子胥教化天下從之未有死亾之失故以天道未作不先爲客言客者去其國入人國地兆未發不先動衆言王者以下至於庶人非暮春中夏之時不可以種五穀興土利國家不見死亡之失不可伐也故地兆未發不先動衆此之謂也

吳人敗于就李吳之戰地敗者言越之伐吳未戰吳闔廬卒敗而去也卒者闔廬死也天

子稱崩諸侯稱薨大夫稱卒士稱不祿闔廬
諸侯也不稱薨而稱卒者何也當此之時上
無明天子下無賢方伯諸侯力政彊者爲君
南夷與北狄交爭中國不絕如綫矣臣弒君
子弒父天下莫能禁止於是孔子作春秋方
據魯以王故諸侯死皆稱卒不稱薨避魯之
謚也晉公子重耳之時天子微弱諸侯力政
彊者爲君文公爲所侵暴失邦奔于翟三月

得反國政敬賢明法率諸侯朝天子於是諸
侯皆從天子乃尊此所謂晉公子重耳反國
定天下齊公子小白亦反齊國而匡天下者
齊大夫無知弒其君諸兒其子二人出奔公
子糾奔魯魯者公子糾母之邦小白奔莒莒
者小白母之邦也齊大臣鮑叔牙爲報仇殺
無知故興師之魯聘公子糾以爲君魯莊公
不與莊公魯君也曰使齊以國事魯君與汶

君不以國事魯我不與汝君於是鮑叔牙還師之莒取小白立爲齊君小白反國用管仲九合諸侯一匡天下故爲桓公此之謂也堯有不慈之名堯太子丹朱倨驕懷禽獸之心堯知不可用退丹朱而以天下傳舜此之謂堯有不慈之名舜有不孝之行舜親父假母母常殺舜舜去耕歷山三年大熟身自外養父母皆飢舜父頑母嚚兄狂弟敖舜求爲變心易志舜爲瞽瞍子也瞽瞍欲殺舜未嘗可得呼而使之未嘗不在側此舜有不孝之行舜用其仇而王天下者言舜父瞽瞍用其後妻常欲殺舜舜不爲失孝行天下稱之堯聞其賢遂以天下傳之此爲王天下仇者舜後母也桓公召其賊而霸諸侯者管仲臣於桓公兄公子糾糾與桓爭國管仲張弓射桓公中其帶鉤桓公受之赦其大罪立爲齊相

天下莫不向服慕義是謂召其賊霸諸侯也
夏啓獻犧於益啓者禹之子益與禹臣於舜
舜傳之禹薦益而封之百里禹崩啓立曉知
王事達於君臣之義益死之後啓歲善犧牲
以祠之經曰夏啓善犧於益此之謂也
湯獻牛荆之伯之伯者荆州之君也湯行仁
義敬鬼神天下皆一心歸之當是時荆伯未
從也湯於是乃飾犧牛以事荆伯乃媿然曰
失事聖人禮乃委其誠心此謂湯獻牛荆之

伯也
越王句踐反國六年皆得士民之衆而欲伐
吳於是乃使之維甲維甲者治甲系斷修一作
徭內矛赤雞稽繇者也越人謂人鎩也方舟
航買儀塵者越人往如江也治須慮者越人
謂船爲須慮亟怒紛紛者怒貌也怒至士擊
高文者躍勇士也習之於夷夷海也宿之於

萊萊野也致之於單單者堵也

舜之時鯀不從令堯遭帝嚳之後亂洪水滔天堯使鯀治之九年弗能治堯七十年而得舜舜明知人情審於地形知鯀不能治數諫不去堯殛之羽山此之謂舜之時鯀不從令也

殷湯遭夏桀無道殘賊天下於是湯用伊尹行至聖之心見桀無道虐行故伐夏放桀而王道興躍革亂補弊移風易俗改制作新海內畢貢天下承風湯以文聖此之謂也

文王以務爭者紂爲天下殘賊奢佚不顧邦政文王百里見紂無道誅殺無刑賞賜不當文王以聖事紂天下皆盡誠知其賢聖從之此謂文王以務爭也紂以惡刑爭文王行至聖以仁義爭此之謂也

武王以禮信文王死九年天下八百諸侯皆

一旦會於孟津之上不言同辭不呼自來盡
知武王忠信欲從武王與之伐紂當是時比
干箕子微子尚在武王賢之未敢伐也還諸
侯歸二年紂賊比干囚箕子微子去之刳妊
婦殘朝涉武王見賢臣已亾乃朝天下興師
伐紂殺之武王未下車封比干之墓發太倉
之粟以贍天下封微子於宋此武王以禮信
也

周公以盛德武王封周公使傳相成王成王
少周公臣事之當是之時賞賜不加於無功
刑罰不加於無罪天下家給人足禾麥茂美
使人以時說之以禮上順天地澤及夷狄於
是管叔蔡叔不知周公而讒之成王周公乃
辭位出巡狩於邊一年天暴風雨日夜不休
五穀不生樹木盡偃成王大恐乃發金縢之
櫃察周公之冊知周公乃有盛德王乃夜迎

周公流涕而行周公反國天應之福五穀皆生樹木皆起天下皆實此周公之盛德也

越絶卷第四

越絕卷第四

越絕計倪內經第五

昔者越王句踐既得反國，欲陰圖吳，乃召計倪而問焉，曰：吾欲伐吳，恐弗能取。山林幽冥，不知利害所在。西則迫江，東則薄海，水屬蒼天，下不知所止。交錯相過，波濤濬流，沈而復起，因復相還。浩浩之水，朝夕既有時，動作若驚駭，聲音若雷霆。波援而起，船失不能救，未知命之所維。念樓船之苦，涕泣不可止。非不欲爲也，時返不知所在，謀不成而息，恐爲天下咎。以敵攻敵，未知誰負。大邦既已備，小邑既已保，五穀既已收，野無積庾，廩糧則不屬，無所安取。恐津梁之不通，勞軍紆吾糧道。吾聞先生明於時交，察於道理，恐動而無功，故問其道。計倪對曰：是固不可。興師者必一有須字先蓄積食錢布帛，不先蓄積，士卒數飢，飢

則易傷重遲不可戰戰則耳目不聰明耳不能聽視不能見什部之不能使退之不能解進之不能行飢饉不可以動神氣去而萬里伏弩而乳郅頭而皇皇彊弩不彀發不能當旁軍見弱走之如犬逐羊靡從部分伏地而死前頓後僵與人同時而戰獨一無獨字受天之殃未必天之罪也亦在其將王與師以年數恐一旦而亡失邦無明筋骨爲野越王曰善

請問其方吾聞先生明於治歲萬物盡長欲聞其治術可以爲教常子明以告我寡人弗敢忘計倪對曰人之生無幾必先憂積蓄以備妖祥凡人生或老或弱或彊或怯不早備生不能相葬王其審之必先省賦歛勸農桑飢饉在問或水或塘因熟積以備四方師出無時未知所當應變而動隨物常羊卒然有師彼日以弱我日以彊得世之和擅世之陽

王無忽忘慎無如會稽之飢不可再更王其審之嘗言息貨王不聽臣故退而不言處於吳楚越之間以魚三邦之利乃知天下之易反也臣聞君自耕夫人自織此竭於庸力而不斷時與智也時斷則循智斷則備知此二者形於體萬物之情短長逆順可觀而已臣聞炎帝有天下以傳黃帝黃帝於是上事天下治地故少昊治西方蚩尤佐之使主金玄冥一作目宿治北方白辨佐之主水太皥治東方袁何佐之使主木祀使融治南方僕程佐之使主火后土治中央后稷佐之使主土並有五方以爲綱紀是以易地而輔萬物之常王審用臣之議大則可以王小則可以霸於何有哉越王曰請問其要計倪對曰太陰三歲處金則穰三歲處水則毀三歲處木則康三歲處火則旱故散有時積糴有時領則決萬

物不過三歲而發矣以智論之以決斷之以道佐之斷長續短一歲再倍其次一倍其次而反水則資車旱則資舟物之理也天下六歲一穰六歲一康凡十二歲一飢是以民相離也故聖人早知天地之反爲之預備故湯之時比七年旱而民不飢禹之時比九年水而民不流其主能通習源流以任賢使能則轉轂乎千里外貨可來也不習則百里之内

不可致也人主所求其價十倍其所擇者則無價矣夫人主利源流非必身爲之也視民所不足及其有餘爲之命以利之而來諸侯守法度任賢使能償其成事傳其驗而已如此則邦富兵彊而不衰矣群臣無空恭之禮淫泆之行務有於道術不習源流又不任賢使能諫者則誅則邦貧兵弱刑繁則群臣多空恭之理淫佚之行矣夫諛者反有德忠者

物不過三歲而殘矣以習論之以洪圖之以道佐之圖表贊之一歲再倍其次一倍其次而反水則資車旱則資舟物之理也天下六歲一穰六歲一康凡十二歲一飢是以民相離也故聖人早知天地之反爲之備故水湯之時比七年旱而民不飢禹之時九年水而民不流其主能通貨源流以任賢使能則轉轂乎千里外貨可來也不習則百里之內不可致也人主所求其價十倍其所擇者則無價矣夫人主知源流非必身爲之也財貨所不足又其有餘爲之命以利之而來諸侯乎決使任賢使能禮其成事傳其餘而已[illegible]此則邦富強而不衰矣群臣無空恭之禮逞泆之行務有今道術不習源流之不任賢傾聽諫者則誅則有貧兵弱則繁則辭臣多空恭之理違泆之行矣夫與者反有德忠者

反有刑去刑就德人之情也邦貧兵弱致亂
雖有聖臣亦不諫也務在諛主而已矣今夫
萬民有明父母亦如邦有明主父母利源流
明其法術以任賢子徼成其事而已則家富
而不衰矣不能利源流又不任賢子賢子有
諫者憎之如此者不習於道術也愈信其意
而行其言後雖有敗不自過也夫父子之爲
親也非得不諫諫而不聽家貧致亂雖有聖
子亦不治也務在於諛之而已父子不和兄

弟不調雖欲富也必貧而日衰越王曰善子
何年少於物之長也計倪對曰人固不同惠
種生聖癡種生狂桂實生桂桐實生桐先生
者未必能知後生者未必不能明是故聖主
置臣不以少長有道者進無道者退愚者日
以退聖者日以長人主無私賞者有功越王
曰善論事若是其審也物有妖祥乎計倪對

曰有陰陽萬物各有紀綱日月星辰刑德變爲吉凶金木水火土更勝月朔更建莫主其常順之有德逆之有殃是故聖人能明其刑而處其鄉從其德而避其衡凡舉百事必順天地四時參以陰陽用之不審舉事有殃人生不如臥之頃也欲變天地之常數發無道故貧而命不長是聖人并苞而陰行之以感愚夫衆人容容盡欲富貴莫知其鄉越王曰

善請問其方計倪對曰從寅至未陽也太陰在陽歲德在陰歲美在是聖人動而應之制其收發常以太陰在陰而發陰且盡之歲亟賣六畜貨財以益收五穀以應陽之至也陽且盡之歲亟發糴以收田宅牛馬積斂貨財聚棺木以應陰之至也此皆十倍者也其次五倍夫有時而散是故聖人反其刑順其衡收聚而不散越王曰善今歲比熟尚有貧乞

者何也計倪對曰是故不等猶同母之人異父之子動作不同術貧富故不等如此者積負於人不能救其前後志意侵下作務日給非有道術又無上賜貧乞故長久越王曰善大夫佚同若成嘗與孤議於會稽石室孤非其言也今大夫言獨與孤比請遂受教焉計倪曰糴石二十則傷農九十則病末農傷則草木不辟末病則貨不出故糴高不過八十

下不過三十農末俱利矣故古之治邦者本之貨物官市開而至越王曰善計倪乃傳其教而圖之曰審金木水火別陰陽之明用此不患無功越王曰善從今以來傳之後世以爲教乃著其法治牧江南七年而禽吳也甲貨之戶曰粢爲上物賈七十乙貨之戶曰黍爲中物石六十丙貨之戶曰赤豆爲下物石五十丁貨之戶曰稻粟令爲上種石四十戊

者何也計倪對曰是故不等猶同母之人異
父之子動作不同術貧富故不等如此者積
負於人不能救其前後志意侵下作務日給
非有道術又無上賜貧乏故長久越王曰善
大夫佚同若成嘗與孤議於會稽石室孤非
其言也今大夫言獨與孤比請遂受教焉計
倪曰糴石二十則傷農九十則病末農傷則
草木不辟末病則貨不出故糴高不過八十

下不過三十農末俱利矣故古之治邦者本
之貨物官市開而至越王曰善計倪乃傳其
教而圖之曰審金木水火別陰陽之明用此
不患無功越王曰善從今以來傳之後世以
為教乃著其法治牧江南七年而禽吳也甲
貨之戶曰粢為上物賈七十乙貨之戶曰黍
為中物石六十丙貨之戶曰赤豆為下物石
五十丁貨之戶曰稻粟令為上種石四十戊

貨之戶曰大

貨之戶曰麥爲中物石三十巳貨之戶曰大豆爲下物石二十庚貨之戶曰穬比疏食故無賈辛貨之戶曰菓比疏食無賈壬癸無貨

越絶卷第四

越絕卷第五

越絕請糴内傳第六

昔者越王句踐與吴王夫差戰大敗保棲於會稽山上乃使大夫種求行成於吴吴許之越王去會稽入官於吴三年吴王歸之大夫種始謀曰昔者吴夫差不顧義而媿吾王種觀夫吴甚富而財有餘其刑繁法逆民習於戰守莫不知也其大臣好相傷莫能信也其

德衰而民好負善且夫吴王又喜安佚而不聽諫細誣而寡智信讒諛而遠士數傷人而亟亡之少明而不信人希須臾之名而不顧後患君王盍少求卜焉越王曰善卜之道何若大夫種對曰君王卑身重禮以素忠爲信以請糴於吴天若棄之吴必許諾於是乃卑身重禮以素忠爲信以請於吴將與申胥進諫曰不可夫王與越也接地鄰境道徑通達

越絕卷第五

越絕請糴內傳第六

昔者越王句踐與吳王夫差戰大敗保棲於會稽山上乃使大夫種求行成於吳吳許之越王去會稽入宦於吳三年吳王歸之大夫種始謀曰昔者吳夫差不顧義而媿吾王種觀夫吳甚富而財有餘其刑繁法逆民習於戰守莫不知也其大臣好相傷莫能信也其

德衰而民好負善且夫吳王又喜安佚而不聽諫細誣而寡智信讒諛而遠士數傷人而亟亡少明而不信人希須臾之名而不顧後患君王盍少求卜焉越王曰善卜之道何若大夫種對曰君王卑身重禮以素忠為信以請糴於吳天若棄之吳必許諾於是乃卑身重禮以素忠為信以請於吳將與申胥進諫曰不可大王與越也接地鄰境道徑通達

仇讎敵戰之邦，三江環之，其民無所移，非吳有越，越必有吳。且夫君王兼利而弗取，輸之粟與財，財去而凶來，凶來而民怨其上，是養寇而貧邦家也。與之不爲德，不若止。且越王有智臣曰范蠡，勇而善謀，將修士卒，飾戰具，以伺吾間也。胥聞之，夫越王之謀，非有忠素請糴也，將以此試我，以此卜要君王，以求益親，安君王之志。我君王不知省也而救之，是越之福也。吳王曰：我卑服越，有其社稷，句踐既服爲臣，爲我駕舍，却行馬前，諸侯莫不聞知。今以越之飢，吾與之食，我知句踐必不敢。申胥曰：越無罪，吾君王急之，不遂絕其命，又聽其言，此天之所反也。忠諫者逆，而諛諫者反親。今狐雉之戲也，狐體卑而雉懼之。夫獸虫尚以詐相就，而況於人乎？吳王曰：越王句踐有急，而寡人與之，其德章而未靡，句踐其

敢與諸侯及我乎申胥曰臣聞聖人有急則不羞爲人臣僕而志氣見人今越王爲吾蒲伏約（一作納）辭服爲臣下其執禮過吾君不知省也而已故勝威之臣聞狼子野心仇讎之人不可親也夫鼠忘辟辟不忘凡今越人不忘吳矣胥聞之拂（音弼）勝則社稷固諛勝則社稷危胥先王之老臣不忠不信則不得爲先王之老臣君王胡不覽觀夫武王之伐紂也

今不出數年鹿豕遊於姑胥之臺矣太宰嚭從旁對曰武王非紂臣耶率諸侯以殺其君雖勝可謂義乎申胥曰武王則已成名矣太宰嚭曰親僇主成名弗忍行申胥曰美惡相入或甚美以亡或甚惡以昌故在前世矣嚭何惑吾君王也太宰嚭曰申胥爲人臣也辨其君何必翽翽乎申胥曰太宰嚭面諛以求親乘吾君王幣帛以求威諸侯以成富焉今

我以忠辨吾君王譬浴嬰兒雖啼勿聽彼將有厚利嚭無乃諛吾君王之欲而不顧後患乎吳王曰嚭止子無乃向寡人之欲乎此非忠臣之道太宰嚭曰臣聞春日將至百草從時君王動大事群臣竭力以佐謀因遜遯之舍使人微告申胥於吳王曰申胥進諫外貌類親中情甚疎類有外心君王常親覩其言也胥則無父子之親君臣之施矣吳王曰夫

申胥先王之忠臣天下之健士也胥殆不然乎哉子毋以事相差毋以私相傷以動寡人此非子所能行也太宰嚭對曰臣聞父子之親張尹別居贈臣妾馬牛其志加親若不與一錢其志斯疏父子之親猶然而况於士乎且有知不竭是不忠竭而顧難是不勇下而令上是無法吳王乃聽太宰嚭之言果與粟申胥遜遯之舍歎曰於乎嗟君王不圖社稷

之危而聽一日之說弗對以斥傷大臣而王用之不聽輔弼之臣而信讒諛容身之徒是命短矣以爲不信胥顛廓目于邦門以觀吳邦之大敗也越人之入我王親所禽哉太宰嚭之交逢同謂太宰嚭曰子難人申胥請爲卜焉因往見申胥胥方與被離坐申胥謂逢同曰子事太宰嚭又不圖邦權而惑吾君王君王之不省也而聽衆彘之言君王忘邦嚭

之罪也亡日不久也逢同出造太宰嚭曰今日爲子卜於申胥胥誹謗其君不用胥則無後而君正覺而遇矣謂太宰嚭曰子勉事一作多後矣吳王之情在子乎太宰嚭曰智之所生不在貴賤長少此相與之道逢同出見吳王慚然有憂色逢同垂泣不對吳王曰夫嚭我之忠臣子爲寡人遊目長耳將誰怨乎逢同對曰臣有患也臣言而君行之則無後憂

若君王弗行臣言而死矣王曰子言寡人聽之逄同曰今日往見申胥申胥與被離坐其謀慹然類欲有害我君王今申胥進諫類忠然中情至惡內其身而心野狠君王親之不親逐之不逐親之乎彼聖人也將更然有怨心不已逐之乎彼賢人也知能害我君王殺之爲乎可殺之亦必有以也吳王曰今圖申胥將何以逄同對曰君王興兵伐齊申胥必

諫曰不可王無聽而伐齊必大克乃可圖之於是吳王欲伐齊召申胥對曰臣老矣耳無聞目無見不可與謀吳王召太宰嚭而謀嚭曰善哉王興師伐齊也越在我猶疥癬是無能爲也吳王復召申胥而謀申胥曰臣老矣不可與謀吳王請申胥謀者三對曰臣聞愚夫之言聖主擇焉胥聞越王句踐罷吳之年宮有五竈食不重味省妻妾不別所愛妻操

宮有五竈食不重味省妻妾不別所愛妻操天之言聖主擇焉胥聞越王句踐罷吳之年不可與謀吳王請申胥謀者三對曰臣聞愚能為也吳王復召申胥而謀申胥曰臣老矣曰善故王興師伐齊也越在我猶疥癬是無聞目無見不可與謀吳王召太宰嚭而謀嚭於是吳王欲伐齊召申胥對曰臣老矣耳無諫曰不可王無聽而伐齊必大克乃可圖之

胥諍何以逢同對曰君王興兵伐齊申胥必之為乎可殺之亦必有以也吳王曰今圖申心不已遂之乎彼賢人也知能害我君王殺親遂之不遂親之乎彼聖人也將更然有怨然中情至惡內其身而心野狼君王親之不謀動然類欲有害我君王今申胥進諫類忠之逢同曰今日往見申胥申胥與被離坐其若君王弗行臣言而死矣王曰子言寡人聽

斗身操概自量而食適飢不費是人不死必
爲國害越王句踐食不殺而饜衣服純素不
袀不玄帶劒以布是人不死必爲大故越王
句踐寢不安席食不求飽而善貴有道是人
不死必爲邦寶越王句踐衣弊而不衣新行
慶賞不刑戮是人不死必成其名越在我猶
心腹有積聚不發則無傷動作者有死亡欲
釋齊以越爲憂吳王不聽果興師伐齊大克

還以申胥爲不忠賜劒殺申胥髡被離申胥
且死曰昔者桀殺關龍逢紂殺王子比干今
吳殺臣參桀紂而顯吳邦之亡也王孫駱聞
之旦即不朝王召駱而問之子何非寡人而
旦不朝王孫駱對曰臣不敢有非臣恐矣吳
王曰子何恐以吾殺胥爲重乎王孫駱對曰
君王氣高胥之下位而殺之不與群臣謀之
臣是以恐矣王曰我非聽子而殺胥胥乃圖

謀寡人王孫駱曰臣聞君人者必有敢言之
臣在上位者必有敢言之■如是即慮日益
進而智益生矣胥先王之老臣不忠不信不
得爲先王臣矣王意欲殺太宰嚭王孫駱對
曰不可王若殺之是殺二胥矣吴王近駱如
故太宰嚭又曰圖越雖以我邦爲事王無憂
王曰寡人屬子邦請早暮無時太宰嚭對曰
臣聞四馬方馳驚前者斬其數必正若是越

難成矣王曰子制之斷之居三年越興師伐
吴至五湖太宰嚭率徒謂之曰謝戰者五父
越王不忍而欲許之范蠡曰君王圖之廊廟
失之中野可乎謀之七年須臾棄之王勿許
吴易兼也越王曰諾居軍三月吴自罷太宰
嚭遂亡吴王率其有祿與賢良遯而去越追
之至餘杭山禽夫差殺太宰嚭越王謂范蠡
殺吴王蠡曰臣不敢殺主王曰刑之范蠡曰

臣不敢刑主。越王親謂吳王曰：「昔者上蒼以越賜吳，吳不受也。夫申胥無罪，殺之；進讒諛容身之徒，殺忠信之士。大過者三，以至滅亡，子知之乎？」吳王曰：「知之。」越王與之劒，使自圖之。吳王乃旬日而自殺也。越王葬於卑猶之山，殺太宰嚭、逢同與其妻子。

越絶卷第五

越絕卷第六

越絕外傳紀策考第七

昔者吳王闔廬始得子胥之時甘心以賢之以爲上客曰聖人前知乎千歲後覩萬世深問其國世何昧昧得無衰極子其精焉寡人垂意聽子之言子胥唯唯不對王曰子其明之子胥曰對而不明恐獲其咎王曰願一言之以試直士夫仁者樂知者好誠秉禮者探幽索隱明告寡人子胥曰難乎言哉邦其不長王其圖之存無忘傾安無忘亡臣始入邦伏見衰亡之證當霸吳厄會之際後王復空王曰何以言之子胥曰後必將失道王食禽肉坐而待死佞謟之臣將至不久安危之兆各有明紀虹蜺牽牛其異女黃氣在上青黑于下大歲八會壬子數九王相之氣自十一倍死由無氣如法而止太子無氣其異三世

日月光明歷南斗吳越爲鄰同俗幷土西州大江東絶大海兩邦同城相亞門戶憂在於斯必將爲咎越有神山難與爲鄰願王定之毋洩臣言吳使子胥救蔡誅疆楚笞平王墓久而不去意欲報楚楚乃購之千金衆人莫能止之有野人謂子胥曰止吾是于斧掩壺漿之子發簞飲於船中者子胥乃知是漁者也引兵而還故無往不復何德不報漁者一

言千金歸焉因是還去范蠡興師戰於就李闔廬見中於飛矢子胥還師中媿於吳被秦號年至夫差復霸諸侯興師伐越任用子胥雖夫差驕奢釋越之圍子胥諫而誅宰嚭諫心卒以亡吳夫差窮困請爲匹夫范蠡不許滅於五湖子胥策於吳可謂明乎昔者吳王夫差興師伐越敗兵就李大風發狂日夜不止車敗馬失騎士墮死大船陵居小船沒水

吳王曰寡人晝臥夢見井嬴溢大與越爭彗越將掃我軍其凶乎孰與師還此時越軍大號夫差恐越軍入驚駭子胥曰王其勉之哉越師敗矣臣聞井者人所飲溢者食有餘越在南火吳在北水水制火王何疑乎風北來助吳也昔者武王伐紂時彗星出而興周武王問太公曰臣聞以彗鬭倒之則勝胥聞災異或吉或凶物有相勝此乃其證願大王急行是越將凶吳將昌也子胥至直不同邪曲

捐軀切諫虧命爲邦愛君如軀憂邦如家是非不諱直言不休庶幾正君反以見疏讒人間之身且以誅范蠡聞之以爲不通知數不用知懼不去豈謂智與胥聞歎曰吾背楚荊挾弓以去義不止窮吾前獲功後遇戮非吾智衰先遇闔廬後遭夫差也胥聞事君猶事父也愛同也嚴等也太古以來未嘗見人君

虧恩爲臣報仇也臣獲大譽功名顯著胥知分數終於不去先君之功且猶難忘吾願腐髮獘齒何去之有蠡見其外不知吾內今雖屈冤猶止死焉子貢曰胥執忠信死貴於生蠡審凶吉去而有名種留封侯不知令終二賢比德種獨不榮范蠡智能同均於是之謂也伍子胥父子奢爲楚王大臣爲世子聘秦女夫（一作大）有色王私悅之欲自御焉奢盡忠

入諫守朝不休欲匡正之而王拒之諫策而問之以奢乃害於君絕世之臣聽讒邪之辭係而囚之待二子而死尚孝而入子胥勇而難欺累世忠信不遇其時奢諫於楚胥死於吳詩云讒人罔極交亂四國是之謂也

太宰者官號嚭者名也伯州之孫伯州爲楚臣以過誅嚭以困奔於吳是時吳王闔廬伐楚悉召楚仇而近之嚭爲人覽聞辯見目達

耳通諸事無所不知因其時自納於吳言伐楚之利闔廬用之伐楚令子胥孫武與嚭將師入郢有大功還吳王以嚭爲太宰位高權盛專邦之枋未久闔廬卒嚭見夫差內無柱石之堅外無斷割之勢諛心自納操獨斷之利夫差終以從焉而忠臣籥口不得一言嚭知往而不知來夫差至死悔不早誅傳曰見清知濁見曲知直人君選士各象其德夫差淺短以是與嚭專權伍胥爲之惑是之謂也

范蠡其始居楚也生於宛槖或伍戶之虛其爲結僮之時一癡一醒時人盡以爲狂然獨有聖賢之明人莫可與語以內視若盲反聽若聾大夫種入其縣知有賢者未覩所在求邑中不得其邑人以爲狂夫多賢士衆賤有君子泄求之焉得蠡而悅乃從官屬問治之術蠡修衣冠有頃而出進退揖讓君子之容

終日而語疾陳霸王之道志合意同胡越相從俱見霸兆出於東南捐其官位相要而往臣小有所虧大有所成捐止于吳或任子胥二人以爲胥在無所聞其辭種曰今將安之蠡曰彼爲我何邦不可乎去吳之越勾踐賢之種躬正內蠡出治外內不煩濁外無不得臣主同心遂霸越邦種善圖始蠡能慮終越承二賢邦以安寧始有災變蠡專其明可謂賢焉能屈能申

越絕卷第六

越絕卷第七

越絕外傳記范伯第八

昔者范蠡其始居楚曰范伯自謂衰賤未嘗世祿故自菲薄飲食則甘天下之無味居則安天下之賤位復被髮佯狂不與於世謂大夫種曰三王則三皇之苗裔也五伯乃五帝之末世也天運歷紀千歲一至黃帝之元執辰破巳霸王之氣見於地戶子胥以是挾弓

干吳王於是要大夫種入吳此時馮同相與共戒之伍子胥在自與不能關其辭蠡曰吳越二邦同氣共俗地戶之位非吳則越乃入越越王常與言盡日大夫石買居國有權辯口進曰衒女不貞衒士不信客歷諸侯渡河津無因自致殆非真賢夫和氏之璧求者不爭賈騏驥之材不難阻險之路之邦歷諸侯無所售道聽之徒唯大王察之於

是范蠡退而不言遊於楚越之間大夫種進曰昔者市偷自衒於晉晉用之而勝楚伊尹負鼎入殷遂佐湯取天下有智之士不在遠近取也謂之帝王求備者亡易曰有高世之林必有負俗之累有至智之明者必破庶衆之議成大功者不拘於俗論大道者不合於衆唯大王察之於是石買益疏其後使將兵於外遂爲軍士所殺是時句踐失衆棲於會

稽之山更用種蠡之策得以存故虞舜曰以學乃時而行此猶良藥也王曰石買知往而不知來其使寡人棄賢後遂師二人竟以禽吳子貢曰薦一言得及身任一賢得顯名傷賢喪邦蔽能有殃負德忘恩其反形傷壞人之善毋後世敗人之成天誅行故寃子胥僇死由重譖子胥於吳吳虛重之無罪而誅傳曰寧失千金毋失一人之心是之謂也

越絕内傳陳成恒第九

昔者陳成恒相齊簡公，欲為亂，憚齊邦鮑晏，故徙其兵而伐魯。魯君憂也。孔子患之，乃召門人弟子而謂之曰：諸侯有相伐者，尚恥之。今魯，父母之邦也，丘墓存焉，今齊將伐之，可無一出乎？顔淵辭出，孔子止之；子路辭出，孔子止之；子貢辭出，孔子遣之。子貢行之齊，見陳成恒曰：夫魯，難伐之邦，而伐之，過矣。陳成恒曰：魯之難伐，何也？子貢曰：其城薄以卑，池狹而淺，其君愚而不仁，其大臣僞而無用，其士民有惡聞甲兵之心，此不可與戰。君不如伐吴。吴城高以厚，池廣以深，甲堅以新，士選以飽，重器精弩在其中，又使明大夫守，此邦易也。君不如伐吴。成恒忿然作色曰：子之所難，人之所易也；子之所易，人之所難也。而以教恒，何也？子貢對曰：臣聞憂在内者攻彊，憂

在外者攻弱今君憂内臣聞君三封而三不成者大臣有不聽者也今君破魯以廣齊墮魯以尊臣而君之功不與焉是君上驕主心下恣群臣而求成大事難矣且夫上驕則犯臣驕則爭是君上於主有郄下與大臣交爭也如此則君立於齊危於重卵矣臣故曰不如伐吴且夫吴明猛以毅而行其令百姓習於戰守將明於法齊之愚爲禽必矣今君悉擇四疆之中出大臣以環之黔首外死大臣内空是君上無疆臣之敵下無黔首之士孤立制齊者君也陳恒曰善雖然吾兵已在魯之城下若去而之吴大臣將有疑我之心爲之奈何子貢曰君按兵無伐臣請見吴王使之救魯而伐齊君因以兵迎之陳成恒許諾乃行子貢南見吴王謂吴王曰臣聞之王者不絕世而霸者不疆敵千鈞之重加銖而移

今萬乘之齊私千乘之魯而與吳爭彊臣切爲君恐且夫救魯顯名也而伐齊大利也義在存亡魯勇在害彊齊而威申晉邦者則王者不疑也吳王曰雖然我常與越戰棲之會稽夫越君賢主也苦身勞力以夜接日內飾其政外事諸侯必將有報我之心子待吾伐越而還子貢曰不可夫越之彊不下魯而吳之彊不過齊君以伐越而還即齊也亦私魯

矣且夫伐小越而畏彊齊者不勇見小利而忘大害者不智兩者臣無爲君取焉且臣聞之仁人不困厄以廣其德智者不棄時以舉其功王者不絕世以立其義今君存越勿毀親四鄰以仁救暴困齊威申晉邦以武救魯毋絕周室明諸侯以義如此則臣之所見溢乎負海必率九夷而朝即王業成矣且大吳畏小越如此臣請東見越王使之出銳師以

從下吏是君實空越而名從諸侯以伐也吳王大悅乃行子貢子貢東見越王越王聞之除道郊迎至縣身御子貢至舍而問曰此乃僻陋之邦蠻夷之民也大夫何索居然而辱乃至於此子貢曰弔君故來越王句踐稽首再拜曰孤聞之禍與福為鄰今大夫弔孤孤之福也敢遂聞其說子貢曰臣今見吳王告以救魯而伐齊其心申其志畏越曰嘗與越

戰棲於會稽山上夫越君賢主也苦身勞力以夜接日內飾其政外事諸侯必將有報我之心子待我伐越而聽子且夫無報人之心而使人疑之者拙也有報人之心而使人知之者殆也事未發而聞者危也三者舉事之大忌越王句踐稽首再拜曰昔者孤不幸少失先人內不自量與吳人戰軍敗身辱遺先人恥遯逃出走比棲會稽山下守濱海唯魚

鼈是見令大夫不辱而身見之又出王聲以教孤孤賴先人之賜敢不奉教乎子貢曰臣聞之明王任人不失其能直士舉賢不容於世故臨財分利則使仁涉危拒難則使勇用衆治民則使賢正天下定諸侯則使聖人臣竊練下吏之心兵彊而不并弱勢在其上位而行惡令其下者其君幾乎臣竊自練可以成功至王者其唯臣幾乎今夫吳王有伐齊

之志君無惜重器以喜其心毋惡卑辭以尊其禮則伐齊必矣彼戰而不勝則君之福也彼戰而勝必以其餘兵臨晉臣請北見晉君令共攻之弱吳必矣其騎士銳兵弊乎齊重器羽旄盡乎晉則君制其敝此滅吳必矣越王句踐稽首再拜曰昔者吳王分其人民之衆以殘伐吾邦殺敗吾民圖吾百姓夷吾宗廟邦爲空棘身爲魚鼈餌今孤之怨吳王深

於骨髓而孤之事吳王如子之畏父弟之敬兄此孤之外言也大夫有賜故孤敢以疑請遂言之孤身不安牀席口不甘厚味目不視好色耳不聽鐘鼓者已三年矣焦脣乾嗌苦心勞力上事群臣下養百姓願一與吳交天下之兵於中原之野與吳王整襟交臂而奮吳越之士繼蹟連死士民流離肝腦塗地此孤之大願也如此不可得也今內自量吾國不足以傷吳外事諸侯不能也孤欲空邦家

措策力變容貌易名姓執箕箒養牛馬以臣事之孤雖要領不屬手足異處四支布陳爲鄉邑笑孤之意出焉大夫有賜是存亡邦而興死人也孤賴先人之賜敢不待命乎子貢曰夫吳王之爲人也貪功名而不知利害越王慥然避位曰在子子貢曰賜爲君觀夫吳王之爲人賢彊以恣下下不能逆數戰伐士

卒不能忍太宰嚭爲人智而愚疆而弱巧言
利辭以内其身善爲僞詐以事其君知前而
不知後順君之過以安其私是殘國之吏滅
君之臣也越王大悦子貢去而行越王送之
金百鎰寶劒一良馬二子貢不受遂行至吳
報吳王曰敬以下吏之言告越王越王大恐
乃懼曰昔孤不幸少失先人内不自量抵罪
於縣軍敗身辱遯逃出走棲于會稽邦爲空

棘身爲魚鼈餌賴大王之賜使得奉俎豆而
修祭祀大王之賜死且不忘何謀敢慮其志
甚恐似將使使者來子貢至五日越使果至
曰東海役臣孤句踐使使臣種敢修下吏問
於左右昔孤不幸少失先人内不自量抵罪
於縣軍敗身辱遯逃出走棲于會稽邦爲空
棘身爲魚鼈餌賴大王之賜使得奉俎豆而
修祭祀大王之賜死且不忘今竊聞大王將

與大義誅彊救弱困暴齊而撫周室故使越賤臣種以先人之藏器甲二十領屈盧之矛步光之劍以賀軍吏大王將遂大義則弊邑雖小悉擇四疆之中出卒三千以從下吏孤請自被堅執銳以受矢石吳王大悅乃召子貢而告之曰越使果來請出卒三千其君又從之與寡人伐齊可乎子貢曰不可夫空人之邦悉人之衆又從其君不仁也君受其幣

許其師而辭其君吳王許諾子貢去之晉謂晉君曰臣聞之慮不先定不可以應卒兵不先辨不可以勝敵今齊吳將戰勝則必以其兵臨晉晉大恐曰為之奈何子貢曰修兵休卒以待吳彼戰而不勝越亂之必矣晉君許諾子貢去而之魯吳王果與九郡之兵而與齊大戰於艾陵大敗齊師獲七將陳兵不歸果與晉人相遇黃池之上吳晉爭彊晉人擊

與大義誅彊救弱困暴齊而撫周室故使越
賤臣種以先人之藏器甲二十領屈盧之矛
步光之劍以賀軍吏大王將遂大義則弊邑
雖小悉擇四疆之中出卒三千以從下吏
請自被堅執銳以受矢石吳王大悅乃召子
貢而告之曰越使果來請出卒三千其君又
從之與寡人伐齊可乎子貢曰不可夫空人
之邦悉人之衆又從其君不仁也君受其幣
許其師而辭其君吳王許諾子貢去而之晉謂
晉君曰臣聞之慮不先定不可以應卒兵不
先辨不可以勝敵今齊吳將戰勝則必以其
兵臨晉晉大恐曰爲之奈何子貢曰修兵休
卒以待吳彼戰而不勝越亂之必矣晉君許
諾子貢去而之魯吳王果興九郡之兵而與
齊大戰於艾陵大敗齊師獲七將陳兵不歸
果與晉人相遇黃池之上吳晉爭彊晉人擊

之大敗吳師越王聞之涉江襲吳去邦七里而軍陣吳王聞之去晉從越越王迎之戰於五湖三戰不勝城門不守遂圍王宮殺夫差而僇其相伐吳三年東鄉而霸故曰子貢一出存魯亂齊破吳彊晉霸越是也

越絕卷第七

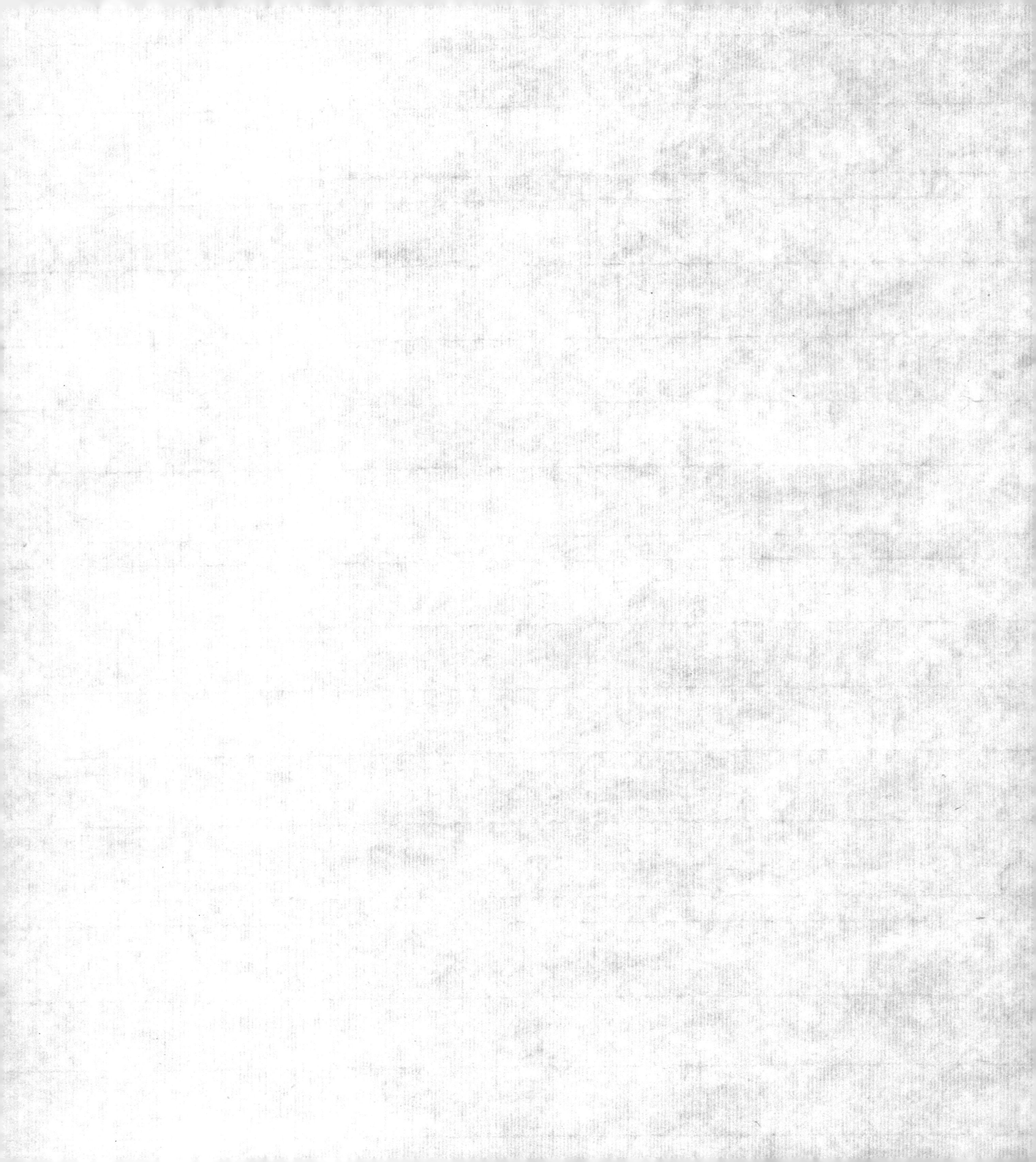

越絕卷第八

越絕外傳記地傳第十

昔者越之先君無餘乃禹之世別封於越以守禹冢問天地之道萬物之紀莫失其本神農嘗百草水土甘苦黄帝造衣裳后稷產穡制器械人事備矣疇糞桑麻播種五穀必以手足大越海濵之民獨以鳥田小大有差進退有行莫將自使其故何也曰禹始也憂民救水到大越上茅山大會計爵有德封有功更名茅山曰會稽及其王也巡狩大越見耆老納詩書審銓衡平斗斛因病亡死葬會稽葦椁桐棺穿壙七尺上無漏泄下無即水壇高三尺土階三等延袤一畝尚以為居之者樂為之者苦無以報民功教民鳥田一盛一衰當禹之時舜死蒼梧象為民田也禹至此者亦有因矣亦覆釜也覆釜者州土也塡德

也禹美而告至焉禹知時晏歲暮年加申酉求書其下祠白馬禹井井者法也以為禹葬以法度不煩人眾無餘初封大越都秦餘望南千有餘歲而至句踐句踐徙治山北引屬東海內外越別封削焉句踐伐吳霸關東從琅琊起觀臺臺周七里以望東海死士八千人戈船三百艘居無幾躬求賢聖孔子從弟子七十人奉先王雅琴治禮往奏句踐乃身

越絕八

被賜一作陽又音唐夷之甲帶步光之劍杖物盧之矛出死士三百人為陣關下孔子有頃稽一作為陣至越王曰唯唯夫子何以教之孔子對曰丘能述五帝三王之道故奉雅琴至大王所句踐喟然歎曰夫越性脆而愚水行而山處以船為車以楫為馬往若飄風去則難從銳兵任死越人之常性也夫子異則不可於是孔子辭弟子莫能從乎

越王夫鐔（一作鐔）以上至無餘久遠世不可紀也夫鐔子允常允常子句踐大霸稱王徙瑯琊都也句踐子與夷時霸與夷子子翁時霸子翁子不揚時霸不揚子無疆時霸伐楚威王滅無疆無疆子之侯竊自立爲君長之侯子尊時君長尊子親失衆楚伐之走南山親以上至句踐凡八君都瑯琊二百二十四歲無疆以上霸稱王之侯以下微弱稱君長

句踐小城山陰城也周二里二百二十三步陸門四水門一今倉庫是其宮臺處也周六百二十步柱長三丈五尺三寸霤高丈六尺宮有百戶高丈二尺五寸大城周二十里七十二步不築北面而滅吳徙治姑胥臺

山陰大城者范蠡所築治也今傳謂之蠡城陸門三水門三決西北亦有事到始建國時

蠡城盡

稷山者句踐齋戒臺也

龜山者句踐起怪游臺也東南司馬門因以炤龜又仰望天氣觀天怪也高四十六丈五尺二寸周五百三十二步今東武里一曰怪山怪山者往古一夜自來民怪之故謂怪山

駕臺周六百步今安城里

離臺周五百六十步今淮陽里丘

美人宮周五百九十步陸門二水門一今北壇利里丘土城句踐所習教美女西施鄭足宮臺也女出於苧蘿山欲獻於吳自謂東垂僻陋恐女樸鄙故近大道居去縣五里

樂野者越之弋獵處大樂故謂樂野其山上石室句踐所休謀也去縣七里

中指臺馬丘周六百步今高平里丘

東郭外南小城者句踐冰室去縣三里句踐之出入也齊於稷山往從田里去從北郭門

此頁与卷八錯

炤龜龜山更駕臺馳於離丘遊於美人宮與
樂中宿過歷馬丘射於樂野之衢走犬若耶
休謀石室食於冰厨領功銓土已作昌土臺
藏其形隱其情一曰冰室者所以備膳羞也
浦陽者句踐軍敗失衆懣於此去縣五十里
夫山者句踐絶糧困也其山上大冢句踐庶
子冢也去縣十五里句踐與吳戰於浙江之
上石買爲將者老壯長進諫曰夫石買人與

爲怨家與爲仇貪而好利細人也無長策王
而用之國必不遂王不聽遂遣之石買發行
至浙江上斬殺無罪欲專威服軍中動搖將
率獨專其權士衆恐懼人不自聊兵法曰視
民如嬰兒故可與赴深溪士衆魚爛而買不
知尚猶峻法隆刑子胥獨見可奪之證變爲
奇謀或北或南夜舉火擊鼓畫陳詐兵越師
潰墜政令不行背叛乖離還報其王王殺買

謝其師號聲聞吳吳王恐懼子胥私喜越軍敗矣胥聞之孤之將殺嚙唇吸齒今越句踐其已敗矣君王安意越易兼也使人入問之越師請降子胥不聽越棲於會稽之山吳退而圍之句踐喟然用種蠡計轉死爲霸一人之身吉凶更至盛衰存亡在於用臣治道萬端要在得賢越棲於會稽日行成於吳吳引兵而去句踐將降西至浙江待詔入吳故有

雞鳴墟其入辭曰亡臣孤句踐故將士衆入爲臣虜民可得使地可得有吳王許之子胥大怒目若夜光聲若哮虎此越未戰而服天以賜吳其逆天乎臣唯君王急剬之吳不聽遂許之浙江是也

陽城里者范蠡城也西至水路水門一陸門
二

北陽里城大夫種城也取土西山以濟之徑

百九十四步或爲南安

富陽里者外越賜義也處里門美以練塘田

安城里高庫者句踐伐吴禽夫差以爲勝兵築庫高閣之周二百三十步今安成里故禹宗廟在小城南門外大城内禹稷在廟西今南里

獨山大冢者句踐自治以爲冢徙瑯琊冢不成去縣九里

麻林山一名多山句踐欲伐吴種麻以爲弓絃使齊人守之越謂齊人多故曰麻林多以防吴以山下田封功臣去縣一十二里

會稽山上城者句踐與吴戰大敗棲其中因以下爲目魚池其利不租

會稽山北城者子胥浮兵以守城是也

若耶大冢者句踐所徙葬先君夫鐔冢也去縣二十五里

葛山者，句踐罷吳，種葛，使越女織治葛布，獻於吳王夫差，去縣七里。

姑中山者，越銅官之山也，越人謂之銅姑瀆，長二百五十步，去縣二十五里。

富中大塘者，句踐治以爲義田，爲肥饒，謂之富中，去縣二十里二十二步。

犬山者，句踐罷吳，畜犬獵南山白鹿，欲得獻吳，神不可得，故曰犬山。其高爲犬亭，去縣二

十五里。

白鹿山在犬山之南，去縣二十九里。

雞山、豕山者，句踐以畜雞豕，將伐吳，以食士也。雞山在錫山南，去縣五十里。豕山在民山西，去縣六十三里。洹江以來屬越，疑豕山在餘暨界中。

練塘者，句踐時采錫山爲炭，稱炭聚，載從炭瀆至練塘，各因事名之，去縣五十里。

葛山者，句踐罷吳，種葛，使越女織治葛布，獻於吳王夫差，去縣七里。

姑中山者，越銅官之山也，越人謂之銅姑瀆，長二百五十步，去縣二十五里。

富中大塘者，句踐治以為義田，為肥饒，謂之富中，去縣二十里二十二步。

犬山者，句踐罷吳，畜犬獵南山白鹿，欲得獻吳，神不可得，故曰犬山。其高為犬亭，去縣二十五里。

白鹿山在犬山之南，去縣二十九里。

雞山、豕山者，句踐以畜雞豕，將伐吳，以食士也。雞山在錫山南，去縣五十里。豕山在民山西，去縣六十三里。洹江以來屬越。疑豕山在餘暨界中。

練塘者，句踐時采錫山為炭，稱炭聚，載從炭瀆至練塘，各因事名之，去縣五十里。

木客大冢者句踐父允常冢也初徙瑯琊使樓船卒二千八百人伐松栢以爲桴故曰木客去縣十五里一曰句踐伐善材文刻獻於吳故曰木客

官瀆者句踐工官也去縣十四里

苦竹城者句踐伐吳還封范蠡子也其僻居徑六十步因爲民治田塘長千五百三十三步其冢名土山范蠡苦勤功篤故封其子於是去縣十八里

北郭外路南溪北城者句踐築鼓鍾宮也去縣七里其邑爲龔錢

舟室者句踐船宮也去縣五十里

民西大冢者句踐客秦伊善炤龜者冢也因名冢爲秦伊山

射浦者句踐教習兵處也今射浦去縣五里射卒陳音死葬民西故曰陳音山

木客大冢者句踐父允常冢也初徙琅琊使
樓船卒二千八百人伐松柏以爲桴故曰木
客去縣十五里一曰句踐伐善材文刻獻於
吳故曰木客
官瀆者句踐工官也去縣十四里
苦竹城者句踐伐吳還封范蠡子也其僻居
徑六十步因爲民治田塘長千五百三十三
步其冢名土山范蠡苦勤功篤故封其子於

是去縣十八里
北郭外路南溪北城者句踐築鼓鍾宮也去
縣七里其邑爲龔錢
舟室者句踐船宮也去縣五十里
民西大冢者句踐客秦伊善炤龜者冢也因
名冢爲秦伊山
射浦者句踐教習兵處也今射浦去縣五里
射卒陳音死葬民西故曰陳音山

種山者句踐所葬大夫種也樓船卒二千人鈞足羨葬之三蓬下種將死自策後有賢者百年而至置我三蓬自章後世句踐葬之食傳三賢

巫里句踐所徙巫爲一里去縣二十五里其亭祠今爲和公群社稷墟（一作虛）

巫山者越䰠神巫之官也死葬其上去縣十三里許

六山者句踐鑄銅鑄銅不爍埋之東坂其上馬箠句踐遣使者取於南社徙種六山飾治爲馬箠獻之吳去縣三十五里

江東中巫葬者越神巫無杜子孫也死句踐於中江而葬之巫神欲使覆禍吳人船去縣三十里

石塘者越所害軍船也塘廣六十五步長三百五十三步去縣四十里

防塢者越所以遏吳軍也去縣四十里

杭塢者句踐杭也二百石長負卒七士人度之會夷去縣四十里

塗山者禹所取妻之山也去縣五十里

朱餘者越鹽官也越人謂鹽曰餘去縣三十五里

句踐已滅吳使吳人築吳塘東西千步名辟首後因以爲名曰塘

獨婦山者句踐將伐吳徙寡婦致獨山上以爲死士示得專一也去縣四十里後說之者蓋句踐所以游軍士也

馬嗥者吳伐越道逢大風車敗馬失騎士墮死疋馬啼皋事見吳矣

浙江南路西城者范蠡敦（一作熟）兵城也其陵固可守故謂之固陵所以然者以其大船軍所置也

防塢者越所以遏吳軍也去縣四十里
杭塢者句踐杭也二百石長員卒七士人度
之會夷去縣四十里
塗山者禹所取妻之山也去縣五十里
朱餘者越鹽官也越人謂鹽曰餘去縣三十
五里
句踐已滅吳使吳人築吳塘東西千步名辟
首後因以為名曰塘

[illegible]　[illegible]

獨婦山者句踐將伐吳徙寡婦致獨山上以
為死士示得專一也去縣四十里後說之者
蓋句踐所以遊軍士也
馬嗥者吳伐越道逢大風車敗馬失騎士墮
死匹馬啼嗥事見吳史
浙江南路西城者范蠡敦[illegible]兵城也其陵
固可守故謂之固陵所以然者以其大船軍
所置也

山陰古故陸道出東郭隨直瀆陽春亭山陰
故水道出東郭從郡陽春亭去縣五十里
語兒鄉故越界名曰就李吳彊越地以爲戰
地至於柴辟亭
女陽亭者句踐入官於吳夫人從道產女此
亭養於李鄉句踐勝吳更名女陽更就李爲
語兒鄉
吳王夫差伐越有其邦句踐服爲臣三年吳
王復還封句踐於越東西百里北鄉臣事吳
東爲右西爲左大越故界浙江至就李南姑
末寫干
覲鄉北有武原武原今海鹽姑末今大末寫
干今屬豫章自無餘初封於越以來傳聞越
王子孫在丹陽皐鄉更姓梅梅里是也自秦
以來至秦元王不絕年元王立二十年平王
立二十三年惠文王立二十七年武王立四

山陰古故陸道出東郭隨直瀆陽春亭山陰

故水道出東郭從郡陽春亭去縣五十里

語兒鄉故越界名曰就李吳疆越地以爲戰

地至於柴辟亭

女陽亭者句踐入官於吳夫人從道產女此

亭養於李鄉句踐勝吳更名女陽更就李爲

語兒鄉

吳王夫差伐越有其邦句踐服爲臣三年吳

[illegible] [illegible]

王復還封句踐於越東西百里北鄉臣事吳

東爲右西爲左大越故界浙江至就李南姑

末寫干

觀鄉北有武原武原今海鹽姑末今大末寫

干今屬豫章自無餘初封於越以來傳聞越

王子孫在丹陽皋鄉更姓梅梅里是也自秦

以來至秦元王不絶年元王立二十年平王

立二十三年惠文王立二十七年武王立四

年昭襄王亦立五十六年而滅周赧王周絕
於此孝文王立一年莊襄王更號太上皇帝
立三年秦始皇帝立三十七年號曰趙政政
趙外孫胡亥立二年子嬰立六月秦元王至
子嬰凡十王百七十歲漢高帝滅之治咸陽
壹天下政使將魏舍內史教攻韓得韓王安
政使將王賁攻魏得魏王歇政使將王涉攻
趙得趙王尚政使將王賁攻楚得楚王成政
使將史敖攻燕得燕王喜政使將王涉攻齊
得齊王建政更號爲秦始皇帝以其三十七
年東遊之會稽道度牛渚奏東安東安今富
春丹陽溧陽
鄣故餘杭軻亭南東奏槿頭道度諸暨大越
以正月甲戌到大越留舍都亭取錢塘浙江
岑石長丈四尺南北面廣六尺西面廣尺
六寸刻丈六於越東山上其道九曲去縣二

十一里是時徙大越民置餘杭伊攻■故鄣
因徙天下有罪適吏民置海南故大越處以
備東海外越乃更名大越曰山陰已去奏諸
暨錢塘因奏吳上姑蘇臺則治射防於宅亭
賈亭北年至靈不射去奏曲阿句容度牛渚
西到咸陽崩

越絕卷第八

十一里。是時徙大越民置餘杭伊攻■故鄣。因徙天下有罪適吏民，置海南故大越處，以備東海外越。乃更名大越曰山陰。已去，奏諸暨、錢塘，因奏吳。上姑蘇臺，則治射防於宅亭、賈亭北。年至靈，不射，去。奏曲阿、句容，度牛渚，西到咸陽，崩。

越絕書卷八

越絕卷第九

越絕外傳計倪第十一

昔者越王句踐近侵於彊吳，遠媿於諸侯，兵革散空，國且滅亡，乃脅諸臣而與之盟：「吾欲伐吳，奈何有功？」群臣默然而無對。王曰：「夫主憂臣辱，主辱臣死，何大夫易見而難使也？」計倪官卑年少，其居在後，舉首而起，曰：「殆哉！非大夫易見難使，是大王不能使臣也。」王曰：「何謂也？」計倪對曰：「夫官位財幣，王之所輕；死者，是士之所重也。王愛所輕，責士所重，豈不艱哉？」王自揖進計倪而問焉。計倪對曰：「夫仁義者，治之門；士民者，君之根本也。闓門固根，莫如正身。正身之道，謹選左右。左右選，則孔主日益上；不選，則孔主日益下。二者貴質浸之漸也。願君王公選於衆，精鍊左右，非君子至誠之士，無與居家，使邪僻之氣無漸以生。仁

設文王無與吾家使邪辟之人無衛以任
衛也願君王公選大眾精練右非君子至
曰益上不選則孔主曰益下二者皆賢之
知主身正身之道謹選左右左右選則孔主
者治之門士內者君之根本也闔門固根莫
故王自往進言偃而問焉言偃對曰夫仁義
是士之所重也王之所輕責士所重豈不難
哉也言偃對曰夫官爵財幣王之所輕死者

入卷缺九　　　　十七頁[illegible]校

大夫身見難使臣大王不能使臣也王曰何
悅官甲年少其臣在後舉首而鬼曰治哉非
憂臣恭主辱臣死何大夫身見而難使也計
汝吳今何有功辭臣樂然而無對王曰大王
昔散空國且滅亡乃召諸臣而與之盟吾欲
昔吾先王句踐近侵於禮吳遠媾於諸侯矣
說苑不傳計第十一

義之行有階人知其能官知其治爵賞刑罰一由君出則臣下不敢毀譽以言無功者不敢干治故明主用人不由所從不問其先說取一焉是故周文齊桓躬於任賢太公管仲明於知人今則不然臣故曰殆哉越王勃然曰孤聞齊威淫泆九合諸侯一匡天下蓋管仲之力也寡人雖愚唯在大夫計倪對曰齊威除管仲罪大責任之至易此故南陽蒼句

太公九十而不伐磻溪之餓人也聖主不計其辱以爲賢者一乎仲二乎仲斯可致王但霸何足道桓稱仲父文稱太公計此二人曾無跬步之勞大呼之功乃忘弓矢之怨授以上卿傳曰直能三公今置臣而不尊使賢而不用譬如門戶像設倚而相欺蓋智士所恥賢者所差君王察之越王曰誠者不能匿其辭大夫既在何須言哉計倪對曰臣聞智者

不妄言以成其勞賢者始於難動終於有成傳曰易之謙遜對過問抑威權勢利器不可示人言賞罰由君此之謂也故賢君用臣畧責於絶施之職而成其功遠使以效其誠內告以匿以知其信與之講事以觀其智飲之以酒以觀其態選士以備不肖者無所置越王大媿乃壞池填塹開倉穀貸貧乏乃使群臣身問疾病躬視死喪不厄窮僻尊有德與民同苦樂激河泉井示不獨食行之六年士民一心不謀同辭不呼自來皆欲伐吴遂有大功而霸諸侯孔子曰寬則得衆此之謂也夫有勇見於外必有仁於內子胥戰於就李闔廬傷焉軍敗而還是時死傷者不可稱數所以然者罷頓不得已子胥內憂爲人臣上不能令主下令百姓被兵刃之咎自責內傷莫能知者故身操死持傷及被兵者莫不悉

莫能知若故身樂死捍傷及殺兵六害莫大於
不能令主下令百姓放兵六刃之人發自責內傷
所以然者罷適不得已于齊內憂為人臣上
闔廬傷軍敗而還是師死傷者不可稱數
夫有勇見於外必有仁於內子胥戰於此李
大功而霸諸侯孔子曰寬則得眾此之謂也
內一心不謀同辭不呼自來白欲伐吳遂有
民同苦樂激河泉井示不獨食行之六年士

臣身問疾病哭死哀不厄窮禮卑有德與
王大燃乃懷進墳鼓開倉殺飽食乃使群
以酒以觀其能選士以備不肖者無所逃效
告以國以知其信與之講事以觀其智效文
責於施之職而[illegible]其功遠使以效其誠內
示人言賞罰由君此之謂也故賢君用臣器
傳曰易之謙遜剛過問於威權勢利器不可
不妄言以成其[illegible][illegible]者[illegible]於重動於物有成

於子胥之手垂涕啼哭欲伐而死三年自咎不親妻子饑不飽食寒不重綵結心於越欲復其仇師事越公録其述印天之兆牽牛南斗赫赫斯怒與天俱起發令告民歸如父母當胥之言唯恐為後師衆同心得天之中越乃興師與戰西江二國爭彊未知存亡子胥知時變為詐兵為兩翼夜火相應句踐大恐振旅服降進兵圍越會稽塡山子胥微策可

謂神守戰數年句踐行成子胥爭諫以是不容宰嚭許之引兵而還夫差聽嚭不殺仇人興師十萬與不敵同聖人譏之是以春秋不差其文故傳曰子胥賢者尚有就李之耻此之謂也哀哉夫差不信伍子胥而任太宰嚭乃此禍晉之驪姬亡周之褒姒盡妖妍於圖畫極凶悖於人理傾城傾國思昭示於後王麗質冶容宜求監於前史古人云苦藥利病

於千百之千年弟帝哭欲伐而死三年自咎
不親妻子饑不飽食寒不重綵結心於越欲
復其仇師事越公録其述印天文星斗南
丰赫赫斯怒與天俱起發令告民歸如父母
當者之言雅恐為後師衆同心得天之中越
乃興師與戰西江二國爭疆未知存亡子胥
知悍變為許兵為西輩故入相應勾踐大惡
採淡眼降進兵圍越會稽山千石微策可

八[illegible]越[illegible]七　八三[illegible]

請神宇戰數年勾踐行成子胥爭諫以是不
客宰嚭許之引兵而還夫差聽嚭不殺允人
與師十萬與不敵同罪人譏之是以春秋不
完其文故傳曰子胥賢者尚有究李之恥此
之謂也哀哉夫差不信伍子胥而任太宰嚭
乃此禍晉之驪姬亡周之褒姒盡妖妍於圖
畫極凶悖於人理傾城傾國思昭示於後王
躐資治客宜求監於前史古人云苦藥利病

苦（一作忠）言利行伏念居安思危日謹一日易曰知進而不知退知存而不知亡知得而不知喪又曰進退存亡不失其正者唯聖人乎由此而言進有退之義存有亡之幾得有喪之理愛之如父母仰之如日月敬之如神明畏之如雷霆此其可以卜祚遐長而禍亂不作也

越絕卷第九

至則有餘也見前園橫索生樹桐樂府吹巧
也見後房鍛者扶挾鼓小震者宮女鼓樂也
吳王大悅而賜太宰嚭雜繒四十疋王心不
已召王孫駱而告之對曰臣智淺能薄無方
術之事不能占大王夢臣知有東掖門亭長
越公弟子王孫聖爲人幼而好學長而憙遊
博聞疆識通於方來之事可占大王所夢臣
請召之吳王曰諾王孫駱移記曰今日壬午

左校司馬王孫駱受敎告東掖門亭長公孫
聖吳王晝卧覺寤而心中惆悵也如有悔記
到車馳詣姑胥之臺聖得記發而讀之伏地
而泣有頃不起其妻大君從旁接而起之曰
何若子性之大也希見人主卒得急記流涕
不止公孫聖仰天歎曰嗚呼悲哉此固非子
胥所能知也今日壬午時加南方命屬蒼天
不可逃亡伏地而泣者不能自惜但吳王諛

越絕卷第十

越絕外傳記吳王占夢第十二

昔者吳王夫差之時其民殷衆禾稼登熟兵革堅利其民習於鬭戰闔廬■剬子胥之教行有日發有時道於姑胥之門晝卧姑胥之臺覺寤而起其心惆悵如有所悔即召太宰而占之曰向者晝卧夢入章明之宮入門見兩鑩炊而不蒸見兩黑犬嘷以北嘷以南見兩鏵倚吾宮堂見流水湯湯越吾宮牆見前園橫索生樹桐見後房鍛者扶挾鼓小震子爲寡人精占之吉則言吉凶則言凶無諛寡人之心所從太宰嚭對曰善哉大王興師伐齊夫章明者伐齊克天下顯明也見兩鑩炊而不蒸者大王聖氣有餘也見兩黑犬嘷以北嘷以南四夷已服朝諸侯也兩鏵倚吾宮堂夾田夫也見流水湯湯越吾宮牆獻物已

心而言師道不明正言直諫身死無功大君
曰汝彊食自愛慎勿相忘伏地而書既成篇
即相與把臂而決涕泣如雨上車不顧遂至
姑胥之臺謁見吳王吳王勞曰公弟子公孫
聖也寡人晝臥姑胥之臺夢入章明之宮入
門見兩䥥炊而不蒸見兩黑犬嗥以北嗥以
南見兩鏵倚吾宮堂見流水湯湯越吾宮牆
見前園橫索生樹桐見後房鍛者扶挾鼓小

震子為寡人精古之吉則言吉凶則言凶無
諛寡人心所從公孫聖伏地有頃而起仰天
歎曰悲哉夫好船者溺好騎者墮君子各以
所好為禍諛讒申者師道不明正言切諫身
死無功伏地而泣者非自惜因悲大王夫章
者戰不勝走偉偉明者去昭昭就冥冥見兩
䥥炊而不蒸者王且不得火食見兩黑犬嗥
以北嗥以南者大王身死魂魄惑也見兩鏵

心而言師道不明正言直諫身死無功大君曰汝彊食自愛慎勿相忘伏地而書[illegible]成篇即[illegible]把聲而哭泣如雨上車不顧遂至姑胥之臺請見吳王吳王勞曰公弟子公孫聖也寡人晝卧姑胥之臺夢入章明之宮入門見兩鬲炊而不蒸見兩黑犬嘷以北嘷以南見兩鏵倚吾宮堂見流水湯湯越吾宮牆見前園橫索生樹桐見後房鍛者扶挾鼓小

震子為寡人精占之吉則言吉凶則言凶無諛寡人心所從公孫聖伏地有頃而起仰天歎曰悲哉夫好船者溺好騎者墮君子各以所好為禍諛讒申者師道不明正言切諫身死無功伏地而泣者非自惜因悲大王夫章者戰不勝走傽偟明者去昭昭就冥冥見兩鬲炊而不蒸者王且不得火食見兩黑犬嘷以北嘷以南者大王身死魂魄惑也見兩鏵

倚吾宮堂者越人入吳邦伐宗廟掘社稷也見流水湯湯越吾宮牆者大王宮堂虛也前園横索生樹桐者桐不爲器用但爲甬當與人俱葬後房鍜者鼓小震者大息也王毋自行使臣下可矣太宰嚭王孫駱惶怖解冠幘肉袒而謝吳王忿聖言不祥乃使其身自受其殃王乃使力士石番以鐵杖擊聖中斷之爲兩頭聖仰天歎曰蒼天知冤乎直言正諫

身死無功令吾家無葬我提我山中後世爲聲響吳王使人提於秦餘杭之山虎狼食其肉野火燒其骨東風至飛揚汝灰汝更能爲聲哉太宰嚭前再拜曰逆言已滅讒諛已亡因酌行觴時可以行矣吳王曰諾王孫駱爲左校司馬太宰嚭爲右校司馬王從騎三千旌旗羽蓋自處中軍伐齊大剋師兵三月不去過伐晉晉知其兵革之罷倦糧食盡索興

殖吾宮堂者越人入吳邦伐宗廟掘社稷也
見流水湯湯越吾宮牆者大王宮堂虛也前
園橫生梧桐者梧桐不為器用但為盲與
人俱葬後鍛者鼓小震者大息也王得自
行使臣下可矣太宰嚭王孫駱惶怖解冠幘
肉袒而謝吳王念聖言不祥乃使其身自受
其殃王乃使力士石番以鐵杖擊聖中斷之
為兩頭聖仰天歎曰蒼天知冤乎直言正諫

□紀十　　全上　集□本

身死無功今吾家無葬汝提山中後世為
聲響吳王使人提於秦餘杭山虎狼食其
肉野火燒其骨東風至飛揚汝灰汝更能為
聲哉太宰嚭前再拜曰逆言已滅讒諛已亡
因酌行觴可以行矣吳王曰諾王孫駱為
左校司馬太宰嚭為右校司馬王從騎三千
旌旗羽蓋自處中軍伐齊大剋而近三月不
去過伐晉晉知其兵革之罷倦糧食盡索興

師擊之大敗吳師涉江流血浮尸者不可勝數吳王不忍率其餘兵相將至秦餘杭之山饑餓足行乏糧視瞻不明據地飲水持籠稻而飡之顧謂左右曰此何名群臣對曰是籠稻也吳王曰悲哉此公孫聖所言王且不得火食太宰嚭曰秦餘杭山西坂閒燕可以休息大王亟飡而去尚有十數里耳吳王曰吾嘗戮公孫聖於斯山子試爲寡人前呼之卽尚在耶當有聲響太宰嚭卽上山三呼聖三應吳王大怖足行屬腐面如死灰色曰公孫聖令寡人得邦誠世世相事言未畢越王追至兵三圍吳大夫種處中范蠡數吳王曰王有過者五寧知之乎殺忠臣伍子胥公孫聖胥爲人先知忠信中斷之入江聖正言直諫身死無功此非大過者二乎夫齊無罪空復伐之使鬼神不血食社稷廢蕪父子離散兄

師擊之大敗吳師涉江流血浮尸者不可勝
數吳王不忍率其餘兵相將至秦餘杭之山
饑餓足行乏糧視瞻不明據地飲水持籠稻
而食之顧謂左右曰此何名群臣對曰是生
稻也吳王曰悲哉此公孫聖所言王且不得
火食太宰嚭曰秦餘杭山西坂閒燕可以休
息大王亟食而去尚有十數里耳吳王曰吾
嘗戮公孫聖於斯山子試為寡人前呼之即
尚在邪當有聲響大宰嚭即上山三呼聖三
應吳王大怖足行屬腐面如死灰色曰公孫
聖令寡人得邦誠世世相事言未畢越王追
至兵三圍吳大夫種處中范蠡數吳王曰王
有過者五寧知之乎殺忠臣伍子胥公孫聖
胥為人先知忠信中斷之入江聖正言直諫
身死無功此非大過者二乎夫齊無罪空復
伐之使鬼神不血食社稷廢蕪父子離散兄

弟異居此非大過者三乎夫越王句踐雖東僻亦得繫於天皇之位無罪而王恒使其芻莖秩馬比於奴虜此非大過者四乎太宰嚭讒諛佞諂斷絕王世聽而用之此非大過者五乎吳王曰今日聞命矣越王撫步光之劒杖屈盧之弓瞋目謂范蠡曰子何不早圖之乎范蠡曰臣不敢殺主臣存主若亡今日遜敬天報微功越王謂吳王曰世無千歲之人

死一耳范蠡左手持鼓右手操枹而鼓之曰上天蒼蒼若存若亡何須軍亡斷子之頸挫子之骸不亦繆乎吳王曰聞命矣以三寸之帛冥吾兩目使死者有知吾慚見伍子胥公孫聖以爲無知吾恥生越王則解綬以冥其目遂杖劒而死越王殺太宰嚭戮其妻子以其不忠信斷絕吳之世

越絕卷第十

弟異居此非大過者三乎夫越王句踐東
僻亦得繫於天皇之位無罪而王恒使其芻
莖秩馬比於奴虜此非大過者四乎太宰嚭
讒諛佞諂斷絕王世聽而用之此非大過者
五乎吳王曰今日聞命矣越王撫步光之劍
杖屈盧之矛瞋目謂范蠡曰子何不早圖之
乎范蠡曰臣不敢殺主臣存主若亡今日遜
於天報微功越王謂吳王曰世無千歲之人

死一耳范蠡左手持鼓右手操枹而鼓之曰
上天蒼蒼若存若亡何須軍士斷子之頸挫
子之骸不亦繆乎吳王曰聞命矣以三寸之
帛冥吾目使死者有知吾慚見伍子胥公
孫聖以為無知吾恥生越王則解綬以冥其
目遂伏劍而死越王殺太宰嚭誅其妻子以
其不忠信斷絕吳之世

越絕卷第十

越絕卷第十一

越絕外傳記寶劍第十三

昔者越王句踐有寶劍五聞於天下客有能相劍者名薛燭王召而問之曰吾有寶劍五請以示之薛燭對曰愚理不足以言大王請不得已乃召掌者王使取毫曹薛燭對曰毫曹非寶劍也夫寶劍五色並見莫能相勝毫曹已擅名矣非寶劍也王曰取巨闕薛燭曰

非寶劍也寶劍者金錫和銅而不離今巨闕已離矣非寶劍也王曰然巨闕初成之時吾坐於露壇之上宮人有四駕白鹿而過者車奔鹿驚吾引劍而指之四駕上飛揚不知其絕也穿銅釜絕鐵鑑胥中決如粢米故曰巨闕王取純鈞薛燭聞之忽如敗有頃懼如悟下階而深惟簡衣而坐望之手振拂揚其華捽如芙蓉始出觀其釽爛如列星之行觀其

光渾渾如水之溢於溏觀其斷巖巖如瑣石觀其才煥煥如冰釋此所謂純鈞耶王曰是也客有直之者有市之鄉二駿馬千疋千戶之都二可乎薛燭對曰不可當造此劍之時赤堇之山破而出錫若耶之溪涸而出銅雨師掃灑雷公擊橐蛟龍捧鑪天帝裝炭太一下觀天精下之歐冶乃因天之精神悉其伎巧造爲大刑三小刑二一曰湛盧二曰純鈞

三曰勝邪四曰魚腸五曰巨闕吳王闔廬之時得其勝邪魚腸湛盧闔廬無道子女死殺生以送之湛盧之劒去之如水行秦過楚楚王卧而寤得吳王湛盧之劒將首魁漂而存焉秦王聞而求不得興師擊楚曰與我湛盧之劒還師去汝楚王不與時闔廬又以魚腸之劒刺吳王僚使披腸夷之甲三事闔廬使專諸爲奏炙魚者引劒而刺之遂弒王僚此

其小試於敵邦未見其大用於天下也今赤
堇之山已合若耶溪深而不測群神不下歐
冶子即死雖復傾城量金珠玉竭河猶不能
得此一物有市之鄉二駿馬千疋千戶之都
二何足言哉楚王召風胡子而問之曰寡人
聞吳有干將越有歐冶子此二人甲世而生
天下未嘗有精誠上通天下爲烈士寡人願
齎邦之重寶皆以奉子因吳王請此二人作

鐵劍可乎風胡子曰善於是乃令風胡子之
吳見歐冶子干將使人作鐵劍歐冶子干將
鑿茨山洩其溪取鐵英作爲鐵劍三枚一曰
龍淵二曰泰阿三曰工布（一作市）畢成風胡子
奏之楚王楚王見此三劍之精神大悅風胡
子問之曰此三劍何物所象其名爲何風胡
子對曰一曰龍淵二曰泰阿三曰工布楚王
曰何謂龍淵泰阿工布風胡子對曰欲知龍

淵觀其狀如登高山臨深淵欲知泰阿觀其釽巍巍翼翼如流水之波欲知工布釽從文起至脊而止如珠不可衽文若流水不絕晉鄭王聞而求之不得興師圍楚之城三年不解倉穀粟索庫無兵革左右群臣賢士莫能禁止於是楚王聞之引泰阿之劒登城而麾之三軍破敗士卒迷惑流血千里猛獸歐瞻江水折揚晉鄭之頭畢白楚王於是大悅曰

此劒威耶寡人力耶風胡子對曰劒之威也因大王之神楚王曰夫劒鐵耳固能有精神若此乎風胡子對曰時各有使然軒轅神農赫胥之時以石爲兵斷樹木爲宮室死而龍臧夫神聖主使然至黄帝之時以玉爲兵以伐樹木爲宮室鑿地夫玉亦神物也又遇聖主使然死而龍臧禹穴之時以銅爲兵以鑿伊闕通龍門决江導河東注於東海天下通

平治爲宮室豈非聖主之力哉當此之時作鐵兵威服三軍天下聞之莫敢不服此亦鐵兵之神大王有聖德楚王曰寡人聞命矣

越絶卷第十一

越絕卷第十二

越絕內經九術第十四

昔者越王句踐問大夫種曰：吾欲伐吳，奈何能有功乎？大夫種對曰：伐吳有九術。王曰：何謂九術？對曰：一曰尊天地，事鬼神；二曰重財幣，（一作帛）以遺其君；三曰貴糴粟槀，以空其邦；四曰遺之好美，以爲勞其志；五曰遺之巧匠，使起宮室高臺，盡其財，疲其力；六曰遺其諛臣，使之易伐；七曰彊其諫臣，使之自殺；八曰邦家富而備器；九曰堅厲甲兵，以承其弊。故曰九者勿患，戒口勿傳，以取天下不難，況於吳乎？越王曰：善。於是作爲策楯，嬰以白璧，鏤以黄金，類龍蛇而行者，乃使大夫種獻之於吳，曰：東海役臣孤句踐使者臣種，敢修下吏，問於左右：賴有天下之力，竊爲小殿，有餘材，再拜獻之大王。吳王大悦。申胥諫曰：不可，王

勿受昔桀起靈門紂起鹿臺陰陽不和五穀不時天與之災邦國空虛遂以之亡大王受之是後必有災吳王不聽遂受之而起姑胥臺三年聚材五年乃成高見二百里行路之人道死尸哭越乃飾美女西施鄭旦使大夫種獻之於吳王曰昔者越王句踐竊有天之遺西施鄭旦越邦洿下貧窮不敢當使下臣種再拜獻之大王吳王大悅申胥諫曰不可

王勿受臣聞五巳令人目不明五音令人耳不聽桀易湯義滅紂易周文而亡大王受之後必有殃胥聞越王句踐晝書不倦晦誦竟旦聚死臣數萬是人不死必得其願胥聞越王句踐服誠行仁聽諫進賢士是人不死必得其名胥聞越王句踐冬披毛裘夏披絺綌是人不死必爲利害胥聞賢士邦之寶也美女邦之咎也夏亡於末喜殷亡於妲己周亡

於褒姒吳王不聽遂受其女以申胥爲不忠
而殺之越乃興師伐吳大敗之於秦餘抗山
滅吳禽夫差而戮太宰嚭與其妻子

越絶外傳記軍氣第十五

夫聖人行兵上與天合德下與地合明中與
人合心義合乃動見可乃取小人則不然以
彊厭弱取利於危不知逆順快心於非故聖
人獨知氣變之情以明勝負之道凡氣有五

色青黄赤白黑色因有五變人氣變軍上有
氣五色相連與天相抵此天應不可攻攻之
無後其氣盛者攻之不勝軍上有赤色氣者
徑抵天軍有應於天攻者其誅乃身軍上有
青氣盛明從[illegible]其本廣末鋭而來者此逆兵
氣也爲未可攻衰去乃可攻青氣在上其謀
未定青氣在右將弱兵多青氣在後將勇敎
少先大後小青氣在左將少卒多兵少軍罷

青氣在前將暴其軍必來赤氣在軍上將謀
未定其氣本廣末銳而來者爲逆兵氣衰去
乃何攻赤氣在右將軍勇而兵少卒疆必以
殺降赤氣在後將弱卒疆敵少攻之殺將其
軍可降赤氣在右將勇敵多兵卒疆赤氣在
前將勇兵少穀多卒少謀不來黃氣在軍上
將謀未定其本廣末銳而來者爲逆兵氣衰
去乃可攻黃氣在右將智而明兵多卒疆穀

足而不可降黃氣在後將智而勇卒疆兵少
穀少黃氣在左將弱卒少兵少穀亡攻之必
傷黃氣在前將勇智卒多疆穀足而有多爲
一作焉
不可攻也白氣在軍上將賢智而明卒
威勇而疆其氣本廣末銳而來者爲逆兵氣
衰去乃可攻白氣在右將勇而卒疆兵多穀
亡白氣在後將仁而明卒少兵多穀少軍傷
白氣在左將勇而疆卒多穀少可降白氣在

前將弱卒亡殺少攻之可降黑氣在軍上將
謀未定其氣本廣末銳而來者爲逆兵去乃
可攻黑氣在右將弱卒少兵亡殺盡軍傷可
不攻自降黑氣在後將勇卒彊兵少殺亡攻
之殺將軍亡黑氣在左將智而勇卒少兵少
攻之殺將其軍自降黑氣在前將智而明卒
少殺盡可不攻自降故明將知氣變之形氣
在軍上其謀未定其在右而低者欲爲右伏

兵之謀其氣在前而低者欲爲前伏陣也其
氣在後而低者欲爲走兵陣也其氣陽者欲
爲去兵其氣在左而低者欲爲左陣其氣間
其軍欲有入邑右子胥相氣取敵大數其法
如是軍無氣筭於廟堂以知彊弱一五九西
向吉東向敗亡無東二六十南向吉北向敗
亡無北三七十一東向吉西向敗亡無西四
八十二北向吉南向敗亡無南此其用兵月

日數吉凶所避也舉兵無擊大歲上物卯也始出各利以其四時制日是之謂也

韓故治今京兆郡角亢也

鄭故治角亢也

燕故治今上漁陽右北平遼東莫郡尾箕也

越故治今大越山陰南斗也

吳故治西江都牛須女也

齊故治臨菑今濟北平原北海郡菑川遼東城陽虛危也

雙柏堂校

衛故治濮陽今廣陽韓郡營室壁也

魯故治太山東温周固水今魏東奎婁也

梁故治今濟陰山陽濟北東郡畢也

晉故治今代郡常山中山河間廣平郡觜也

秦故治雍今內史也巴郡漢中隴西定襄太原安邑東井也

周故治雒今河南郡柳七星張也

楚故治郢今南郡南陽汝南淮陽六安九江
廬江豫章長沙翼軫也
趙故治邯鄲今遼東隴西北地上郡鴈門北
郡清河參也

越絶卷第十二

越絕卷第十三

越絕外傳枕中第十六

昔者越王句踐問范子曰古之賢主聖王之治何左何右何去何取范子對曰臣聞聖主之治左道右術去末取實越王曰何謂道何謂術何謂末何謂實范子對曰道者天地先生不知老曲成萬物不名巧故謂之道道生氣氣生陰陰生陽陽生天地天地立然後有

寒暑燥濕日月星辰四時而萬物備術者天意也盛夏之時萬物遂長聖人緣天心助天喜樂萬物之長故舜彈五絃之琴歌南風之詩而天下治言其樂與天下同也當是之時頌聲作所謂末者名也故名過實則百姓不附親賢士不爲用而外■諸侯聖主不爲也所謂實者穀■也得人心任賢士也凡此四者邦之寶也越王曰寡人躬行節儉下士求

賢不使名過實此寡人所能行也多貯穀富
百姓此乃天時水旱寧在一人耶何以備之
范子曰百里之神千里之君湯執其中和舉
伊尹收天下雄儁之士練卒兵率諸侯兵伐
桀爲天下除殘去賊萬民皆歌而歸之是所
謂執其中和者越王曰善哉中和所致也寡
人雖不及賢主聖王欲執其中和而行之今
諸侯之地或多或少彊弱不相當兵革暴起

何以應之范子曰知保人之身者可以王天
下不知保人之身失天下者也越王曰何謂
保人之身范子曰天生萬物而教之而生人
得穀即不死穀能生人能殺人故謂人身越
王曰善哉今寡人欲保穀爲之奈何范子曰
欲保必親於野覩諸所多少爲備越王曰所
少可得爲因其貴賤亦有應乎范子曰夫八
穀貴賤之法必察天之二表即決矣越王曰

賈不使各過實此寡人所能行也多財穀富
百姓此乃天時水旱盜在一人耶何以備之
說子曰百里之神千里之君為執其中和衆
伊尹收天下雄儒之士練卒任率諸侯兵伐
桀為天下除殘去賊萬民是皆歸而歸之是所
謂執其中和者殺王曰善哉中和所致也寡
人雖不及賢主聖王欲執其中和而行之今
諸侯之地或多或少疆弱不相當兵革暴起

人鏡經十三　　二十三　　[illegible]堂本

何以應之說子曰知保人之身者可以王天
下不知保人之身失天下者也殺王曰何謂
保人之身說子曰天生萬物而教之而生人
得殺即不死殺能生人能殺人故謂人身殺
王曰善哉今寡人欲保殺為之奈何說子曰
欲保必覩於野觀諸所多必遂循殺王曰所
必可得因其貴賤亦有應乎說子曰夫人
[illegible]貴[illegible]之法必祭天之三表印決奚殺王曰

請問三表范子曰水之勢勝金陰氣蓄積大盛水據金而死故金中有水如此者歲大敗八穀皆貴金之勢勝木陽氣蓄積大盛金據木而死故木中有火如此者歲大美八穀皆賤金木水火更相勝此天之三表者也不可不察能知三表可爲邦寶不知三表之君千里之神萬里之君故天下之君發號施令必順於四時四時不正則陰陽不調寒暑失常如此則歲惡五穀不登聖主施令必審於四時此至禁也越王曰此寡人所能行也願欲知圖穀上下貴賤欲與他貨之內以自實爲之奈何范子曰夫八穀之賤也如宿穀之登其明也諦審察陰陽消息觀市之反覆雌雄之相逐天道乃畢越王問范子曰何執而昌何行而亡范子曰執其中則昌行奢侈則亡越王曰寡人欲聞其說范子曰臣聞古之賢

主聖君執中和而原其終始卽位安而萬物定矣不執其中和不原其終始卽尊位傾萬物散文武之業桀紂之跡可知矣古者天子及至諸侯自滅至亡漸漬乎滋味之費沒溺於聲色之類牽攣於珍怪貴重之器故其邦空虛困其士民以爲須臾之樂百姓皆有悲心瓦解而倍畔者桀紂是也身死邦亡爲天下笑此謂行奢侈而亡也湯有七十里地務

執三表可謂邦寶不知三表身死棄道越王問范子曰春肅夏寒秋榮冬泄人治使然乎將道也范子曰天道三千五百歲一治一亂終而復始如環之無端此天之常道也四時易次寒暑失常治民然也故天生萬物之時聖人命之曰春春不生遂者故天不重爲春春者夏之父也故春生之夏長之秋成而殺之冬受而藏之春肅而不生者王德不究也

之冬之受而藏之春清而不生者王德不平也
春者夏之父也故春生之夏長之秋收而殺
聖人命之曰春春不生遂者故天不重為春
易洪淇奢失常治以然也故天生萬物之時
終而復始如環之無端此天之常道也四時
將道也流于一曰天道三十五百歲一治一亂
問荒子曰春蕭夏衰秋衰冬亡人治使然乎
執三表可謂帝賓不知三表身死棄道王

八 經十三　一三七

下矣人此謂行者修而亡也過有七十里地務
心耳解而倍畔者紂是也身死邦亡為天
空虛困其土民以為須臾之樂百姓有悲
方聲色之類淫窮好珍怪貴重之器故其邦
及至諸侯自滅至亡漸清乎滋味之當淫溺
物散文滅之業紂之跡可知矣古者天子
定矣不執其中和不原其終始即尊位而萬
王聖君執中和而原其終始即位於而萬物

夏寒而不長者臣下不奉主命也秋順而復榮者百官刑不斷也冬溫而泄者發府庫賞無功也此所謂四時者邦之禁也越王曰寒暑不時治在於人可知也願聞歲之美惡穀之貴賤何以紀之范子曰夫陰陽錯繆即爲惡歲人生失治即爲亂世夫一亂一治天道自然八穀亦一賤一貴極而復反言亂三千歲必有聖王也八穀貴賤更相勝故死凌生者逆大貴生凌死者順大賤越王曰善越王問於范子曰寡人聞人失其魂魄者死得其魂魄者生物皆有之將人也范子曰人有之萬物亦然天地之間人最爲貴物之生穀爲貴以生人與魂魄無異可得豫知也越王曰其善惡可得聞乎范子曰欲知八穀之貴賤上下衰極必察其魂魄視其動靜觀其所舍萬不失一問曰何謂魂魄對曰魂者橐也魄

者生氣之源也故神生者出入無門上下無根見所而功自存故名之曰神神主生氣之精魂主死氣之舍也魄者主賤魂者主貴故當安靜而不動魂者方盛夏而行故萬物得以自昌神者主氣之精主貴而雲行故方盛夏之時不行卽神氣而不成物矣故死凌生者歲大敗生凌死者歲大美故觀其魂魄卽知歲之善惡矣越王問於范子曰寡人聞

陰陽之治不同力而功成不同氣而物生可得而知乎願聞其說范子曰臣聞陰陽氣不同處萬物生焉冬三月之時草木既死萬物各異藏故陽氣避之下藏伏壯於內使陰陽得成功於外夏三月盛暑之時萬物遂長陰氣避之下藏伏壯於內然而萬物親而信之是所謂也陽者主生萬物方夏三月之時大熱不至則萬物不能成陰氣主殺方冬三月

之時地不内藏則根荄不成卽春無生故一時失度卽四序爲不行越王曰善寡人已聞陰陽之事穀之貴賤可得而知乎范子曰陽者主貴陰者主賤故當寒而不寒者穀爲之暴貴當溫而不溫者穀爲之暴賤譬猶形影聲響相聞豈得不復哉故曰秋冬貴陽氣施於陰陰極而復貴春夏賤陰氣施於陽陽極而不復越王曰善哉以丹書■帛置之枕中

以爲國寶越五日困於吳請於范子曰寡人守國無術負於萬物幾亡邦危社稷爲旁邦所議無定足而立欲捐軀出死以報吳仇爲之奈何范子曰臣聞聖主爲不可爲之行不惡人之謗已爲足舉之德不德人之稱已舜循之歷山而天下從風使舜釋其所循而求天下之利則恐不全其身昔者神農之治天下務利之而已矣不望其報不貪天下之財

而天下共富之所以其智能自貴於人而天下共尊之故曰富貴者天下所置不可奪也今王利地貪財接兵血刃僵尸流血欲以顯於世不亦謬乎越王曰上不逮於神農下不及於堯舜今子以至聖之道以說寡人誠非吾所及也且吾聞之也父辱則子死君辱則臣死今寡人親已辱於吳矣欲行一切之變以復吳仇願子更爲寡人圖之范子曰君辱

則死固其義也立死下士人而求成邦者上聖之計也且大廣天下尊萬乘之主使百姓安其居樂其業者唯兵兵之要在於人人之要在於穀故民衆則主安穀多則兵彊王而備此二者然後可以圖之也越王曰吾欲富邦彊兵地狹民少奈何爲之范子曰夫陽動於上以成天文陰動於下以成地理審察開置之要可以爲富凡欲先知天門開及地戶

閉其術天高五寸減天寸六分以成地謹司
八穀初見出於天者是謂天門開地戶閉陽
氣不得下入地戶故氣轉動而上下陰陽俱
絕八穀不成大貴必應其歲而起此天變見
符也謹司八穀初見入於地者是謂地戶閉
陰陽俱會八穀大成其歲大賤來年大饑此
地變見瑞也謹司八穀初見半於人者糴平
熟無災害故天倡而見符地應而見瑞聖人

上知天下知地中知人此之謂天平地平以
此為天圖越王既已勝吳三日反邦未至息
自雄問大夫種曰夫聖人之術何以加於此
乎大夫種曰不然王德范子之所言故天地
之符應邦以藏聖人之心矣然而范子豫見
之策未肎為王言者也越王愀然而恐面有
憂色請於范子稱曰寡人用夫子之計幸得
勝吳盡夫子之力也寡人聞夫子明於陰陽

閉其穀天高五寸減天寸六分以成地謹司
八穀初見出於天者是謂天門開地戶閉陽
氣不得下入地戶故氣轉動而上下陰陽俱
絕八穀不成大貴必應其歲而起此天變見
符也謹司八穀初見入於地者是謂地戶閉
陰陽俱會八穀大成其歲大賤來年大饑此
地變見瑞也謹司八穀初見半於人者糴平
糴無災害之天令而見於地應而見於理人

上知天下知地中知人此之謂天平地平以
此為天圖越王既已勝吳三日反國未至息
自雄問大夫種曰夫聖人之術何以加於此
乎大夫種曰不然王德范子之所言故天地
之符應邦以藏聖人之心矣然而范子豫見
之策未肯為王言者也越王愀然而恐面有
憂色請於范子稱曰寡人用夫子之計幸得
勝吳盡夫子之力也寡人聞夫子明於陰陽

進退豫知未形推往引前後知千歲可得聞

乎寡人虛心垂意聽於下風范子曰夫陰陽

進退前後幽冥未見未形此持殺生之柄而

王制於四海此邦之重寶也王而毋泄此事

臣請爲王言之越王曰夫子幸教寡人願與

之自藏至死不敢忘范子曰陰陽進退者固

天道自然不足怪也夫陰入淺者卽歲善陽

入深者則歲惡幽幽冥冥豫知未形故聖人

見物不疑是謂知時固聖人所不傳也夫堯

舜禹湯皆有豫見之勞雖有凶年而民不窮

越王曰善以丹書帛置之枕中以爲邦寶范

子已告越王立志入海此謂天地之圖也

越絕卷第十三

范子已告越王立志入海此謂天地之圖也越王曰善以丹書置之入枕中以為邦寶范子曰静思者有謀見之深雖有凶手而內不為見物不疑是謂知時固聖人所不傳也夫古

入深者則微惡幽幽冥冥變知未形故聖人天道自然不足怪也夫陰人後者即微害陽人自滿王而不敢忘德于日陰陽進退者固臣請為王言之越王曰大子幸教寡人願與王制於四海此邦之重寶也王而毋泄此事進退前後幽冥未見未形此持殺生之柄而乎寡人虛心垂意聽於下風范子曰夫陰陽進退識知未形推往引前後知千歲可得聞

越絶卷第十四

越絶外傳春申君第十七

昔者楚考烈王相春申君吏李園園女弟女環謂園曰我聞王老無嗣可見我於春申君我欲假於春申君我得見於春申君徑得見於王矣園曰春申君貴人也千里之佐吾何託敢言女環曰卽不見我汝求謁於春申君才人告遠道客請歸待之彼必問汝汝家何

等遠道客者因對曰園有女弟魯相聞之使使者來求之園才人使告園者彼必有問汝女弟何能對曰能鼓音讀書通一經故彼必見我園曰諾明日辭春申君才人有遠道客請歸待之春申君果問汝家何等遠道客對曰園有女弟魯相聞之使使求之春申君曰何能對曰能鼓音讀書通一經春申君曰可得見乎明日使待於離亭園曰諾旣歸告女

環曰吾辭於春申君許我明日夕待於離亭女環曰園宜先供待之春申君到園馳人呼女環到黃昏女環至大縱酒女環鼓琴曲未終春申君大悅留宿明日女環謂春申君曰妾聞王老無嗣屬邦於君君外淫不顧政事使王聞之君上負於王使妾兄下負於夫人爲之奈何無泄此口君召而戒之春申君以告官屬莫有聞淫女也皆曰諾與女環通未

終月女環謂春申君曰妾聞王老無嗣今懷君子一月矣可見妾於王幸產子男君卽王公也而何爲佐乎君戒念之五日而道之邦中有好女中相可屬嗣者烈王曰諾卽召之烈王悅取之十月產子男十年烈王死幽王嗣立女環使園相春申君相之三年然後告園以吳封春申君使備東邊園曰諾卽封春申君於吳幽王後懷王使張儀詐殺之懷王

子頃襄王秦始皇帝使王翦滅之

越絕德序外傳記第十八

昔者越王句踐困於會稽歎曰我其不伯乎欲殺妻子角戰以死蠡對曰殆哉王失計也愛其所惡且吳王賢不離不肖不去若卑辭以地讓之天若棄彼■必許句踐曉焉曰豈然哉遂聽能以勝越王句踐即得平吳春祭三江秋祭五湖因以其時爲之立祠垂之來世傳之萬載鄰邦樂德以來取足范蠡內視若盲反聽若聾度天關涉天機後衽天人前帶神光當是時言之者■其去甚微甚密王已失之矣然終難復見得於是度兵徐州致貢周室元王以之中興號爲州伯以爲專句踐之功非王室之力是時越行伯道沛歸於宋浮陵以付楚臨期開陽復之於魯中邦侵伐因斯衰止以其誠■於內威發於外越專

其功故曰越絶是也故傳曰桓公迫於外子
能以覺悟句踐執於會稽能因以伯堯舜雖
聖不能任狠致治管仲能知人桓公能任賢
蠡善慮患句踐能行焉臣主若斯其不伯得
乎易曰君臣同心其利斷金此之謂也
吳越之事煩而文不喻聖人略焉賢者垂意
深省厥辭觀斯智愚夫差狂惑賊殺子胥句
踐至賢種爲誅范蠡恐懼逃于五湖蓋有

說乎夫吳知子胥賢猶昏然誅之傳曰人之
將死惡聞酒肉之味邦之將亡惡聞忠臣之
氣身死不爲醫邦亡不爲謀還自遺災蓋木
土水火不同氣居此之謂也
種立休功其後厥過自伐句踐知其仁也不
知其信見種爲吳通越稱君子不危窮不滅
服以忠告句踐非之見乎顏色范蠡因心知
意策問其事卜省其辭吉耶凶耶延言其災

夫子見利與害去于五湖蓋謂知其道貴微
而賤獲易曰知幾其神乎道以不害爲左傳
曰知始無終厥道必窮此之謂也
子胥賜劒將自殺歎曰嗟乎衆曲矯直一人
固不能獨立吾挾弓矢以逸鄭楚之間自以
爲可復吾見淩之仇乃先王之功想得報焉
自致於此吾先得榮後僇者非智衰也先遇
明後遭險君之易移也已矣坐不遇時復何

言哉此吾命也亡將安之莫如早死從吾先
王于地下蓋吾之志也吳王將殺子胥使馮
同徵之胥見馮同知爲吳王來也洩言曰王
不親輔弼之臣而親衆豕之言是吾命短也
高置吾頭必見越人入吳也我王親爲禽哉
捐我深江則亦已矣胥死之後吳王聞以爲
妖言甚咎子胥王使人捐於大江口勇士執
之乃有遺響發憤馳騰氣若奔馬威淩萬物

乃今有遺遯貪鯖鱸若否暴愛讒
妖言其者子胥王使人謂令大江口胥王
時來深沒則亦中矣胥死之後吳王聞以爲
高遭吾見殺入人吳也吳王親爲會
不聽輔弼之臣而親讒諛之言吾命宣也
回欲入胥見焉回欲爲吳王來也欲言曰
王千地不益吾之志也吳王將殺子胥使
言此吾命也亡將安之莫如早從吾先

明後遭陷之人易移也已矣坐不遇時復向
自致於此吾先得樂後憂者非智也先遇
爲可復吾見殺乃先王之功相得報吉
國不能獨立吾恐天以見遺楚之間自以
子胥賜屬鏤將自殺歎曰罹于衆由爲直一人
曰知始無終漸遺必窮此之謂也
而毀獲見曰知發其神乎道以不害爲左傳
夫子見利與害于上王胡蓋詔知其道貴微

歸神大海彷彿之間音兆常在後世稱述蓋
子胥水僊也
子胥挾弓去楚唯夫子獨知其道事■世■
有退至今實之實秘文之事深述厥兆徵爲
其戒齊人歸女其後亦重各受一篇文辭不
既經傳外章輔發其類故聖人見微知著覩
始知終由此觀之夫子不王可知也恭承嘉
惠述暢往事夫子作經攬史記憤懣不泄兼

道事後覽承傳說厥意以爲周道不敝春秋
不作蓋夫子作春秋記元於魯大義立微言
屬五經六藝爲之檢式垂意於越以觀枉直
陳其本末抽其統紀章決句斷各有終始吳
越之際夫差弊矣是之謂也故觀乎太伯能
知聖賢之分觀乎荊平能知信勇之變觀乎
吳越能知陰謀之慮觀乎計倪能知陰陽消
息之度觀乎請糴能知 人之使敵邦賢不

㝡觀乎九術能知取人之眞轉禍之福觀乎兵法能知卻敵之路觀乎陳恒能知古今相取之術觀乎德敘能知忠直所死狂懱通拙經百八章上下相明齊桓興盛執操以同管仲達于霸紀范蠡審乎吉凶終始夫差不能■邦之治察乎馮同宰嚭能知諂臣之所移哀彼離德信不用內痛子胥忠諫邪君反受其咎夫差誅子胥自此始亡之謂也

越絕卷第十四

逸經卷第十四

[illegible]第十四　　一千二[illegible]末

其名大美甚于音自出始之謂也
哀敬儀言不用以哉于者忠東[illegible]長反文
作之治祭乎燕同辛蕭治合論因之所[illegible]
中[illegible]于霸[illegible][illegible]乎古囚務[illegible]大[illegible]不能
經百入章上下相明齊直與盜[illegible][illegible]以同[illegible]
取入[illegible]聽乎德[illegible]能知忠直所[illegible]任[illegible][illegible]
兵法[illegible]知[illegible]路之聽乎東[illegible]治[illegible]古今[illegible]
[illegible]聽乎九[illegible]能知取入之直[illegible][illegible]之[illegible]聽乎

越絕卷第十五

越絕篇敘外傳記第十九

維先古九頭之世，蒙水之際，興敗有數，承三繼五。故曰衆者傳目，多者信德。自此之時，天下大服，三皇以後，以一治人，至於三王，爭心生，兵革越，作肉刑。五胥因悉挾方氣，歷天漢。孔子感精，知後有彊秦喪其世，而漢興也。賜權齊、晉、越，入吳。孔子推類，知後有蘇秦也。權衡相動，衡五相發，道獲麟，周盡證也，故作春秋以繼周也。此時天地暴清，日月一明，弟子欣然，相與太平。孔子懷聖承弊，無尺土所有，一民所子，睹麟乘涕，傷民不得其所，非聖人孰能痛世若此。萬代不滅，無能復述。故聖人沒而微言絕。賜見春秋改文尚質，譏二名，興素王，亦發憤記吳越，章句其篇，以喻後賢。賜之說也，魯安，吳吳敗，晉彊，越霸，世春秋二百

文說也魯安吳吳取晉彊越霸世春秋二百
素王亦殺憤詐吳越章句其篇以會後賢
沒而微言絕賜見春秋故改文尚質讖二各興
說詭痛世若此萬代不滅無能復述故聖人
一民所于昭麟秉滿傳民不得其所非聖人
衍然相與大平孔子懷聖承敝無天土所有
秋以繼周也此時大也是秦清日月一明乎
衡相動衡正相發道獲麟周書讖由故作春
二三　一百一十九
權齊晉殺人是孔子推類知後有蘇秦也權
孔子成精知後有儒秦燔其也□漢興也賜
生兵革殺作肉刑五霸因秦挾亡亂天漢
下大服三皇以後以一治入至於三王年必
繼五故日聚者事目多著信德自此之時天
雜先古九頭之世紀小人際與敗有數三
錄經篇數外傳命品第十九
錄經考第十五

餘年垂象後王賜傳吳越▇指於秦聖人發
一隅辯士宣其辭聖文絕於彼辯士絕於此
故題其文謂之越絕
問曰越絕始於太伯終於陳恒何論語曰雖
小道必有可觀者焉乃太伯審於始知去上
賢太伯特不恨讓之至也始於太伯仁賢明
大吳也仁能生勇故次以荆平也勇子胥忠
正信智以明也智能生詐故次以吳人也善

其務救蔡勇其伐荆其范蠡行爲持危救傾
也莫如循道順天富邦安民故次計倪富邦
安民故於自守易以取故次請糴也一其愚
故乖其政也
問曰請粟者求其福祿必可獲故次以九術
順天心終和親卽知其情策於廊廟以知疆
弱時至伐必可克故次兵法兵凶器也動作
不當天與其殃知此上事乃可用兵易之卜

不當天與其咎亦止上事乃可用也易之一

訟聖人必可見故以在其凶禍也動作

順天心務和聽即知其情塞於廟以知靈

問曰請粟者來其禍必可獲故以九術

改非其改也

安民故於百姓易以取故以請雜也一其體

也莫知循道順天富邦安民故以計得所

其務教養其後制其行黨行爲法故傾

人欲第二十三　二百三　一輝法吉友

正信者以明也智能主謀故以安人也善

大安也仁能主勇故以利平也勇者忠

賢人合於不見讓之至也始於太伯仁貴明

小道必有可觀者焉乃太伯審於始知之士

問曰經始於太伯終於陳恒何論語曰雖

故題其文謂之經

一閭辭士宣其論理文經於後辭士經於此

篇年垂象後士見傳民發■指於春聖人緣

將春秋無將子謀父臣殺主天地所不容載
惡之甚深故終於陳恒也易之卜將春秋無
將今荊平何善乎君無道臣仇主以次太伯
何曰非善荊平也乃勇子胥也臣不討賊子
不復仇非臣子也故賢其冤於無道之楚困
不死也善其以匹夫得一邦之衆並義復仇
傾諸侯也非義不爲非義不死也
問曰子胥妻楚王母無罪而死於吳其行如

是何義乎曰孔子固貶之矣賢其復仇惡其
妻楚王母也然春秋之義量功掩過也賢之
親親也子胥與吳何親乎曰子胥以困于闔
廬闔廬勇之甚將爲復仇名譽甚著詩云投
我以桃報之以李夫差下愚不移終不可奈
何言不用策不從昭然知吳將亡也受闔廬
厚恩不忍去而自存欲著其諫之功也故先
吳敗而殺也死人且不負而況面在乎昔者

管仲生伯業興子胥死伯名成周公貴一槩
不求備於一人及外篇各有差敘師不說
問曰子胥未賢耳賢者所過化子胥賜劍欲
無死得乎盲者不可示以文繡聾者不可語
以調聲瞽瞍不移商均不化湯繫夏臺文王
拘於殷時人謂舜不孝堯不慈聖人不悅下
愚而況乎子胥當困於楚劇於吳信不去耳
何拘之有孔子貶之奈何其報楚也稱子胥

貴楚王毋及乎夷狄賤之言吳人也問曰句
踐何德也曰伯德賢君也傳曰危人自安君
子弗為侔人自與伯夷不多行僑以勝滅人
以伯主賢奈何曰是固伯道也祇道厭駮一
善一惡當時無天子疆者為右使句踐無權
滅邦久矣子胥信而得眾道范蠡善偽以勝
當明王天下太平諸侯和親四夷樂德款塞
貢珍屈膝請臣子胥何由乃困於楚范蠡不

貢多屈緣請臣子有何由乃因於楚迄盡不

當周王天下太平諸侯知覲四夷[illegible]德[illegible]來

滅邪父矣了有言得衆道迄蠻[illegible]隨以勝

善一思當拜無天子遷者各使[illegible]發[illegible]權

以伯其貴令何曰是國伯道也其道須[illegible]發一

行其經[illegible]入自與伯夫不多行爲以勝減人

設向德也曰伯德貴君也博曰定人自安君

[illegible]王田文子夷[illegible]狠以言與人也問曰何

人錄第十五　　一百十二[illegible]

何以有孔子見人合何其棄楚也稱子者

愚而況乎子有當國於楚所以異信不去耳

皆於投[illegible]入論辭不孝不發理人不可丁

以謂聲音暖不務古不化[illegible]事[illegible]真宰文全

無所得乎言者不可示以文編譜者不可語

問曰子有未賈其賈者所過化子有興論俗

不求備於一人以分論各有差途命不言[illegible]

管仲生伯業與子有所伯名成周公貴　梁

久乃爲往者句踐何當屬芻莝養馬遭逢變亂權以自存不亦賢乎行伯非賢晉文之能因時順宜隨而可之故空社易爲福危民易爲德是之謂也

問曰子胥范蠡何人也子胥勇而智正而信范蠡智而明皆賢人問曰子胥死范蠡去二人行違皆稱賢何論語曰陳力就列不能者止事君以道言耳范蠡單身入越主於伯有所不合故去也問曰不合何不死曰去止事

君之義也義無死胥死者受恩深也今蠡猶重也不明甚矣問曰受恩死死之善也臣事君猶妻事夫何以去論語曰三日不朝孔子行行者去也傳曰孔子去魯燔俎無肉曾子去妻藜蒸不熟微子去比干死孔子并稱仁行雖有異其義同死與生敗與成其同奈何論語曰有殺身以成仁子胥重其信范蠡貴

其義信從中出義從外出微子去者痛殷道
也比干死者忠於紂也箕子亡者正其紀也
皆忠信之至相爲表裏耳問曰二子孰愈乎
曰以爲同耳然子胥無爲能自免於無道之
楚不忘舊功滅身爲主合即能以霸不合可
去則去可死則死范蠡遭世不明被髮佯狂
無正不行無主不止色斯而舉不害於道億
則屢中貨財殖聚作詐成伯不合乃去三遷
避位名聞海內去越入齊老身西陶仲子由
楚傷中而死二子行有始終子胥可謂兼人
乎問曰子胥伐楚宮射其子不殺何也弗及
耳楚世子奔逃雲夢山之子胥兵笞卒主之
墓昭王遣大夫申包胥入秦請救于斧漁子
進諫子胥子胥適會秦救至因引兵還越見
其榮於無道之楚興兵伐吳子胥以不得已
迎之就李問曰笞墓何名乎子之復仇臣之

討賊至誠感天矯枉過直乳狗哺虎不計禍
福大道不誅誅首惡子胥皆墓不究也
維子胥之述吳越也因事類以曉後世著善
爲誠譏惡爲誠句踐以來至乎更始之元五
餘年吳越相復見於今百歲一賢猶爲比
肩記陳厥說畧其有人以去爲生得衣乃成
厥名有米覆之以庚禹來東征死葬其疆不
直自斥託類自明寫精露愚畧以事類俟告

後人文屬辭定自于邦賢邦賢以口爲姓丞
之以天楚相屈原與之同名明於古今德配
顏淵時莫能與伏竄自容年加申酉懷道而
終友臣不施猶夫子得麟覽覩厥意嗟歎其
文於乎哀哉溫故知新述暢子胥以喻來今
經世歷覽論者不得莫能達焉猶春秋銳精
堯舜垂意周文配之天地著於五經齊德日
月比智陰陽詩之伐柯以已喻人後生可畏

日比智陰陽詩之作何以已倫人後生可畏
喜爭垂意周文配之天地著於五經齊德日
經世匪覺論者不得莫能達言猶春秋鑒精
文於乎哀故溫故知新述暢子旨以倫來今
絫文臣不淹酒夫子得籌覽孫音韙數其
贗淵時莫能興依寬自容年加中西懷道而
之以天禁相忌凉與之同名明於古今德配
後人文匯錯之自于行買以口為姓丞

直自行言類自明寫精露遇以事類後告
厥名有未獲以東禹來東征死葬其疆不
肯言陳厥後要其肯人以去為生得衣以成
石 偷全手吳致相復見於今百歲一貫猶為比
為誠譏惡惡誠句致以來至乎吏始之元王
維子晉之述吳致也因事類以賊後世著書
福大道不誅諫首惡于晉咎莫不究也
詩與至誠感天矯枉過直孔徇甫而不言十謬

蓋不在年以口爲姓萬事道也丞之以天德

高明也屈原同名意相應也百歲一賢賢復

生也明於古今知識宏也德比顏淵不可量

也時莫能用籥口鍵精深自誠也猶子得麟

丘道窮也姓有去不能容也得衣乃成賢人

衣之能章也名有米八政寶也覆以庚兵絕

之也於乎哀哉莫肎與也屈原隔界放於南

楚自沈湘水蠡所有也

越絕卷第十五終

越絕復仇之書也子胥夫差以父之仇句踐以身之仇而皆非其道焉夫君天也君有臣而君殺之尚可仇乎故子胥鞭平王之墓爲不義闔廬之死夫差使人謂已曰而忘越王之殺而父乎則對曰不敢忘三年乃報越故夫椒之敗釋越而不誅爲不孝會稽之棲苦身焦思嘗膽而食卒以滅吳不知越實得罪於吳而吳之赦已也故其郤公孫雄之請爲不仁春秋書子胥之事曰吳入郢狄吳而諱

楚也於夫椒之戰則不書盍不足乎書也於黃池之會書於越入吳狄越而咎吳也春秋之末復仇之事莫大於斯三者越絕實備之有國有家者可以鑒觀焉

隋經籍志越絕紀十六卷崇文總目則十五卷注司馬遷史記者屢引以爲據予紹熙壬

論語後之書也子胥夫差以父之仇句踐以負之仇而胥非其道焉夫君天也有臣而君殺之尚可仇乎故子胥鞭平王之墓爲不義闔廬入郢夫差使人謂己曰而忘越王之殺而父乎則對曰不敢忘三年乃報越故夫椒之敗釋越而不誅爲不去會稽之棲苦身焦思嘗膽而食辛以滅吳本知越實負罪於吳而吳人赦己也故其治公孫雄之請爲不行春秋書子胥之事曰吳人踐伐吳而[illegible]越也於夫椒之戰則不書蓋不足乎書也黃池之會書於越入吳於越而咎吳也春秋之未復仇之事莫大於斯三者越絕實備之有國有家者可以鑒觀焉

隋經籍志越絕記十六卷崇文總目則十五卷注司馬遷史記者[illegible]引以爲據乎紹興

子遊吳中得許氏本訛舛特甚嘉定壬申令餘杭又得陳正卿本乙亥官中都借本秘閣以三本互相參攷擇其通者從之乃麤可讀然猶未也念前所見者皆謄寫失眞不板行則其傳不廣傳不廣則各私其所藏莫克是正遂刻之夔門以俟來者嘉定庚辰七月望日東徐丁黼書

越絕卷終

圖書在版編目（CIP）數據

越絶書 /（東漢）袁康撰. — 北京 ：中華書局，2024.6. —（紹興大典）. —ISBN 978-7-101-16715-3

Ⅰ. K225.04

中國國家版本館CIP數據核字第2024SY1925號

越絶書

撰　　者　〔東漢〕袁康
叢 書 名　紹興大典·善本影真叢覽
項目策劃　許旭虹
責任編輯　許慶江
責任印製　管　斌
出版發行　中華書局
北京市豐臺區太平橋西里三十八號　100073
http://www.zhbc.com.cn
E-mail:zhbc@zhbc.com.cn
印　　刷　杭州蕭山古籍印務有限公司
版　　次　二〇二四年六月第一版
二〇二四年六月第一次印刷
書　　號　ISBN 978-7-101-16715-3
定　　價　一千四百六十元（一函二册）